인물 표현을 위한 연습단계

움직임 표현법 1

움직임 표현법 1: 인물 표현을 위한 연습단계

© 홍선미·김현남, 2017

1판 1쇄 인쇄__2017년 02월 10일
1판 1쇄 발행__2017년 02월 21일

지은이__홍선미·김현남
펴낸이__홍정표

펴낸곳__글로벌콘텐츠
　　　　　　등록__제 25100-2008-24호

공급처__(주)글로벌콘텐츠출판그룹
　　　　　　대표__홍정표　**이사**__양정섭　**디자인**__김미미　**기획·마케팅**__노경민 이종훈
　　　　　　주소__서울특별시 강동구 천중로 196 정일빌딩 401호　**전화**__02-488-3280　**팩스**__02-488-3281
　　　　　　홈페이지__www.gcbook.co.kr

값 12,000원
ISBN 979-11-5852-137-0 94680
　　　　　979-11-5852-136-3 94680(set)

〈사진 속 인물들〉

정혜란, 박은희, 오선영, 이주현, 나경렬, 권예진, 허지은, 나수진, 이나경, 김예인, 나지훈

Dance Play

인물 표현을 위한 연습단계

움직임 표현법 1

홍선미·김현남 지음

글로벌콘텐츠

무용 작품에서 인물에 대한 표현은 연극처럼 사실적으로 표현하기 힘들다. 무용작품은 접근방법에 있어서 연극과는 달리 추상적인 표현을 추구하고 주제가 모호하다. 또한 무용작품은 동작 위주로 안무를 리드하므로 인물을 구체적으로 표현하기 어렵다. 따라서 무용수들이나 안무자들은 인물 표현에서 미숙함이 많다.

연극에서는 자신의 역할에 대한 분석을 통해 캐릭터를 구축해 나가며 자기 스스로가 어필하고 싶은 요소들을 활용해서 강조한다. 그럼에도 연극은 대사가 있다. 그래서 더욱더 이해가 쉽고 일반관객들이 편하게 볼 수 있다. 하지만 무용은 대사 없이 신체 움직임에 의해 대부분을 표현하고 책임진다. 결국 인물 표현이 추상적일 수밖에 없고 전문적 기량에 포커스가 맞춰진다. 그래서 어떠한 인물을 표현하는 데 있어서는 방법적으로 제시되어 있지 않을 뿐만 아니라 동시에 무용 기술에 의해 풀어나가는 데 익숙하다는 것이 문제 아닌 문제로 대두된다.

그렇다면 대사가 없더라도 감동과 메시지를 줄 수 있다면 어려워서 보기 힘들다는 이야기는 없지 않을까? 결국 문제 해결의 방법은 안무를 해 나가는 방법적 측면에서 연극적 방법들을 활용한 텍스트의 구성, 분석력 및 기존에 논의된 '움직임에 의한 표현법'에 있다. 이 같은 방법론을 효과적으로 구사할 수 있다면 그 어느 작품보다도 관객들의 호응을 얻게 될 수 있을 것이다. 결국 작품의 basic은 연극의 기본 작업으로 시작되고 무대 위의 작품은 탄탄한 플롯에 의한 무용작품으로 거듭나야 한다는 것을 강조하고 싶다.

현재 우리나라 문화예술의 흐름은 모든 예술의 융복합을 권장하지만 실제로는 아이러니한 권장이라 여겨진다. 함께 교육받지 않고 각자 지식과 경험이 다른 상태에서 만나며 상대의 지식과 경험을 인지하지 못한다. 관객처럼 스쳐가듯 보고 들었던 작은 것들로 제3의 창조물을 만들어 낼 수는 없는 것이 자명한 이치가 아니겠는가. 문화예술은 반드시 학습되고 경험해야 한다.

필자가 연극 공부를 하면서 답답했던 부분은 기본적인 시작과 훈련 방법은 무용수도 같아야 하는데 그렇지 못하다는 현실이었다. 항상 대본에 의한 연기를 해나가고 작품을 창조해 내는 배우들의 훈련법이 무용수에게 더 절실하게 필요하다는 것이었다. 이 사실을 깨닫고 나서부터 많은 것을 절감하면서 학생들에게 훈련법을 보급하고 싶었다.

배우나 무용수는 무대예술을 해야 하는 똑같은 표현자, 행위자이다. 무용수도 춤으로 연기를 해야 하는 배우이며, 배우 역시 무대에서 자신의 모습으로 멋지게 때로는 추하게 표현해 내야 한다. 감정이 배제된 기계 같은 무용수, 움직임이 연기로써 추함이 아닌 준비되어 있지 않아 본래의 모습이 추하다면 관객들은 눈살을 찌푸릴 것이며 다시 그 공연을 찾지 않을 것이다.

필자는 연극의 이론을 접하며 소름끼쳤던 30대 후반 즈음에 작정했다. 내가 공부하고 실행하고 전달하겠다고. 그러나 지금은 많은 분들이 공부하고 실행하고 계시리라 믿는다. 그리고 무엇보다도 젊은 학생들이 달라지고 있다. 자립심도 강해지고 연구하고 싶어 하고 도전하려 한다. 그러므로 이 교재가 어쩌면 너무 원초적일 수도 있고 때로는 당연하게 느껴질 수도 있지만 필자의 긴 교육과정 속에서 실습해 본 결과 이 과정 동안에 학생들이 얻을 수 있는 많은 것들, 텍스트 접근법, 분석 능력, 캐릭터 구축 방법, 상징성 만들기, 응용능력, 상상력 등이 향상될 수 있으며, 무엇보다 중요한 점은 무용동작만으로 작품을 만들어 가던 학생들에게 아이디어와 오브제 활용에 따른 인물 극대화 방법 등을 훈련시킬 수 있다는 데 의의를 둔다. 과정을 거치는 동안 때로 스트레스를 받기도 하겠지만 과정을 마친 후에는 많은 것을 깨닫게 되리라고 믿어 의심치 않는다.

본 교재의 두 단계는, 즉흥하기 과정에서 가장 많은 도움을 받은 스타니슬랍스키의 신체적 행위법, 즉 etude의 방법이 응용되었다. 특히 무용에서 활용되어지는 improvisation 중 contact improvisation을 활용하였다. 또한 연극적 이론, 수년간의 강의와 안무 과정 등을 통해 경험해 온 방법들을 토대로 15주 일정에 맞는 교재를 목표로 삼았다.

스타니슬랍스키는 신체적 행위법(표현법)에서 배우가 자신의 역할 구현에 필요한 모든 환경, 즉 심리-신체적 행동의 요소를 의식적으로 유도하여 잠재의식의 창조세계의 다가가는 것, 진실한 체험을 통해 잠재의식적인 즉흥을 유발하는 것이라고 주장하였다(김태훈, 1999). 여기서 잠재의식적인 즉흥을 유발하는 부분은 우리 무용을 전공하는 학생들에게 가장 부족한 대목이라고 판단된다. 그러나 이같은 부족함은 학습의 기회를 제공해 주지 않았기 때문이다.

그런 까닭에 상상력이 결핍되고 창의력이 고갈되었다는 문제점이 나타난다.

이런 측면에서 움직임 표현법의 연습단계와 실행단계 두 권의 교재를 통해 필자의 의도가 정확하게 인지되기를 바란다. 또한 무용을 전공하는 학생들의 문제 해결 능력이 향상되어 자신의 작품을 책임질 수 있고, 자신의 작품에 대한 의도를 확실하게 전달할 수 있기를 소망한다.

〈움직임 표현법 1. 인물 표현을 위한 연습단계〉는 작품을 만드는데, 시작, 즉 접근 방법부터이다. 특히 인물에 대한 표현 방법을 위주로 해서 좀 더 구체적인 제시와 예를 통해 진행할 수 있도록 하였으며, 즉흥과정까지를 마치게 되면 이미 자신이 표현하고자 하는 인물에 대한 설정과 캐릭터 구축에 대한 방향성이 생겨나게 된다.

〈움직임 표현법 2. 인물 표현을 위한 실행단계〉는 연습한 부분들을 목표대로 적용시켜 나가는 단계이다. 공연을 올리기 직전에 많은 부분들을 조율하고 fix 시켜 나가야 하는 과정이다. 두 단계를 한 학기 교재로 활용하여 15주 동안 진행하려면 부지런하게 준비하고 노력해야 한다. 집중력 있게 실행해서 질 높은 표현을 하는 데 도움이 되길 바란다.

본 교재에서는 '동작'이라는 말보다는 '움직임'이라는 말을 많이 쓴다. '동작'이라고 하면 무용수들에게는 기존에 자신들이 늘 해 오던 의미 없는 현대무용의 동작에 치우쳐서 헤어나지 못할 것 같아서이다. '움직임'이라는 의미는 내 작품에 필요한 이동, 반복적 행위, 사실적 행동이나 제스처에서 증폭된 상징적 움직임으로 인지하는 데 도움이 되라는 의미에서이다. 또한, 글로 표현되기 힘든 부분이 많아서 사진을 통해 이해의 도움이 되기를 바라며 예로 첨부한 사진들이 많다. 과정의 어려움은 없을 터이나 정확한 답을 내야 되는 부분은 없으니

과감하게 연습하고 실행하는 것이 중요하다.

본 교재를 통해 수업시간이 즐겁고, 자신의 표현 시도를 통해 자신의 통념이 무너져내리는 놀라움을 절감하면서 한 가지씩 귀중한 예술적 표현의 가치를 찾기 바란다. 한 가지의 움직임으로 시작되어 파생되는 움직임들에 진정성이 가미되면 무언가를 표현하는 수단이 되고 나의 신체가 아름다운 도구가 된다. 이를 즐겁게 느꼈으면 한다.

필자가 본 교재를 통해서 의도하고자 한 바는 다음과 같다.
첫째, 인물을 움직임으로 표현하는 방법과 캐릭터를 구축하는 방법
둘째, 움직임을 증폭시키는 방법
셋째, 상징적 표현법을 인지하는 것이다.

그 후 발휘되는 심미안은 그 어느 때보다 아름답고 감동을 줄 것이다. 또한 이 같은 감동은 일반 관객들을 이해시킬 수 있을 뿐만 아니라 예술성이나 대중성 이전에 작품 그 자체를 받아들일 수 있는 역량을 가진 무용수, 안무가, 그리고 작품의 존재 가치를 확보할 수 있게 해줄 것이다.

무용을 사랑하는 우리에게 실기의 기본이 중시되듯 창작에서도 자신에게 가장 필요한 기본적인 공부가 무엇인지 생각해 보아야 한다. 자신의 역량이 부족하다는 생각이 든다면 그것은 분명히 내가 좋아하는 분야인 것이다. 표현은 '무엇을'이 반드시 있어야 한다. 그런데 우리는 '무엇을'이 없이 '그냥 춤을~'로 만

들어간다면 그냥 어디서든 흥에 겨워 추는 춤과 다를 바 없다. 본 교재의 과정은 무엇을 표현하는지, 왜 이렇게 움직이고 있는지를 구성하고, 이를 적절히 표현해야 함을 말해주고 있다.

부디, 학생들이 좀더 진지하게 연습과정과 실행과정을 진행하기 바라며 훗날 자신의 작품을 만들 때는 쉽고 흥미롭게 접근할 수 있기를 바란다.

홍 선 미 · 김 현 남

4. 공연보기

인물 표현을 위한 연습단계

인물 표현을 위한 연습단계

'배우가 자신의 신체, 목소리, 말투, 걷는 모양, 움직임으로 인물에 걸맞는 외형을 만들어 내지 못하면 그 인물의 살아있는 내면과 정신을 관객에게 전달할 수 없다'라는 것이 연출가들의 공통된 생각이다. 무용수는 어떠한가? 무용수 역시 신체, 기능, 감정 등을 인물에 맞게 만들어서 내면까지도 관객에게 표현해야 한다. 그렇다면 무용수와 배우의 기본은 너무나 유사하다. 움직임(춤)과 대사라는 기능차이가 있을 뿐이다.

"신체를 통한 인물묘사는 어떻게 구축해야 할까요?"라고 묻는 제자가 있다. 이 질문에 대해 토로쵸프는 "외형 없이는 내적 성격묘사나 이미지의 전달이 불가능하다. 신체를 통한 인물묘사는 인물의 내면을 설명하고 보여줄 때만 그게 가능하다. 또한 인물의 내면을 이해하면 인물의 신체묘사는 저절로 따라온다."라고 답했다(Stanislavsky, 1920).

무용수들은 외형으로 모든 것을 표현하기 때문에 인물의 내적 성격 묘사나 이미지가 전달되지 않는 경우가 많다. 사실 무용수들의 기초훈련이나 표현 교육에서는, 필자가 경험한 바로는, 무용수의 신체로 인물을 표현하는 데 큰 어려움이 따른다. 기존의 교육이 기능적인 연마에 치중되어 있기 때문이다. 결국 무용수들이 해야 할 기본은 신체적 인물묘사를 위한 인물의 내면을 이해하는 데 있다.

현존하지 않은 인물은 자료, 작품에 의거하여 이해해야 하며 현존인물은 만남을 통한 인터뷰, 관찰, 대화, 함께 할 수 있는 일을 통한 이해가 필요하다. 그런데 내면을 이해하고 채웠다고 생각하는데도 표현되지 않고 떠오르지 않는다면 자신만의 방법으로 만들어가야 한다. 그것이 바로 토로쵸프가 어려운 것이 아니라고 말한 '외적인 가장'을 가리킨다.

'외적인 치장'은 결국 절름발이가 되고 미친 오필리어가 되고, 목소리를 변조하여 노역을 해보고……. 그러나 치장을 하고 또 해보아도 결국 '나'이다. 내가 표현하고 있다는 말이다. 이는 외적인 성격 묘사를 직관적으로 할 수 있음을 의미한다. 기술적이고 기계적이고 단순한 외적 기교에 의해서도 인물묘사는 가능하다는 점이다.

"사람들은 직관에 따라 혹은 자신이나 다른 사람을 관찰함으로써, 또는 실제 삶이나 가상의 삶에서 자신이나 다른 사람이 과연 어떠한 모습일 수 있을까 상상해 봄으로써 외적 인물묘사가 가능해진다. 실제 경험, 사진, 조각, 그림, 책, 이야기, 소설, 사건 등에서 실마리를 찾는다. 중요한 것은 외적 인물묘사를 고민하는 동안에도 절대로 자아를 잊어서는 안 된다."(Stanislavsky, 1920) 토로쵸프는 자아에 대해 강조했다. 자아를 망각한다는 것은 나만의 연기, 나만의 춤이 존재하지 않게 되는 것을 의미한다. 간혹 누군가에게 몰입하다가 그 사람의 춤을 따라하고 똑같이 해보려고 할 때 그 사람과 똑같아지지도 않을뿐더러 오히려 내 것은 사라져 버린 어설픈 춤이, 어울리지 않는 느낌들을 낳는 경우가 있다. '내가 뭐하는 거지?'라는 생각을 하게 되는 순간이 오는 것이다. 치장하고 다른 춤의 영향을 받을 수는 있지만 자신의 것에 어느 한 부분 도움이 되어

내 것에 부족한 부분이 조금이나마 채워질 때까지가 바람직한 것이다.

우리는 간혹 마스크를 활용하여 역할을 하는 경우를 보게 된다. 가장무도회도 마스크로 자신을 감추고 즐긴다는 점에서 비슷하다. 인물을 정하고 그 인물을 표현하기 위해 마스크를 쓰고 그 안에 자신을 감춰본다. 긴 시간 마스크로 그 인물에 대한 연기를 하고 움직임을 하면서 표현하는 동안 분명히 두 사람의 존재를 느끼게 될 것이다. 내가 표현하려는 어떤 인물과 그것을 표현하는 나 자신이라는 또 다른 사람이다. 이 두 존재가 배우들을 괴롭기도 하고 그 순간을 즐기게 만든다. 이 두 사람을 어떻게 해야 되는지에 대한 고민 속에서 둘이 싸우며 어느 정도 합의하거나 타협하게 되는 것이다. 결국, 나를 숨긴들 내가 사라질 수 없다는 사실이다. 그런 까닭에 내 안에 있는 그 역할을 존중해야 된다.

그런데 이 사실이 매력적으로 다가온다. 내가 무대에서 원숭이 흉내를 잘 표현했다고 진짜 원숭이가 될 수는 없다. 그 표현은 인간의 몸으로 표현되었기 때문에 더 신비롭다. 그 신비로움이 예술로 여겨지고, 그 이중적인 표현이 관객의 흥미를 자극한다. 이것이 스타니슬랍스키가 말하는 이중성(double existence)이다.

무용수들은 이러한 이중성에 대해 유념해야 한다. 외적 묘사도 물론 중요하다. 하지만 외적 묘사로 그쳐서는 안 된다. 내가 표현하려는 인물에 대해 기본적인 탐구와 관찰이 이루어져야 한다. 탐구와 관찰을 통해서 나만의 장점을 절대 배제하지 말고 스스로 만들어 나가야 함을 강조한다. 무용수들이 많이 고민하지 않고 있는 부분들에 대해 배우들은 고민하며 풀어나가고 있다. 배우와 무용수의 가장 큰 차이는 여기에 있다. 무용수들은 무대에 서기 전에 많은 연구, 분석을 하는 습관이 되어 있지 않다. 따라서 무용수들은 단순한 캐릭터 설정으로 인해, 테크닉이 좋고 신체가 아름다운 것으로 그쳐버리는 경우가 많다. 그렇게 되면 모든 안무가, 연출가, 무용수들은 평생 고정관념과 외형적 기능 표현에서 벗어나지 못한다.

토로쵸프가 말하는 '잘못된 배우'를 예로 들어 살펴보자.

첫째 '잘못된 배우'는 자신의 매력을 믿고 모든 것을 의지하는 배우이다. 예를 들면 자신이 그 배역보다 더 매력적인데 꼭 그렇게까지 연기해야 하는지 고민하는 배우를 말한다. 그런 경우 '자신 내부에 있는 배역을 사랑하는 것이 아니라 배역 안에 있는 나를 사랑하는 것'이라고 토로쵸프는 말하였다. 대부분의 무용수에게 해당되는 말이다. 무용수들은 인물을 연구하고 분석하는 방법에 대해 배운 적이 없다.

둘째, '잘못된 배우'는 상투적인 연기를 자유자재로 구사하는 배우이다. 그는 관객에게 자신을 과시해야 하므로 다른 인물로 변신하려 들지 않는다. 한 예로 발레리나와 현대무용작품을 하면서 한 부분에서 바닥으로 살짝 굴렀다가 일어나 달라고 요청한 적이 있다. 그녀는 너무 놀라면서 왜 바닥으로 굴러야 하느냐고 항의했다. "난 이 각도에서 이 동작을 해야 한다"라고 소리치며 결국 동작을 취하지 않고 말았다. 자신의 역할이 무엇인지조차 잊은 채, 아니 생각하려고 들지 않으면서 평소에 가장 잘하는 동작을 뽐내려는 것이다. 언제나 솔로의 역할에서 짜여진 춤의 기능을 빼놓지 않는다.

셋째, '잘못된 배우'는 인물묘사를 판에 박힌 의식으로 여기는 배우이다. 등사기로 밀어내듯이 같은 연기를 해내고 있는 것을 가리킨다. 다른 사람이 해놓은 방법을 그대로 자기 것인양 아무런 노력 없이 해내는 배우들이다. 동영상을 보고 그 배우가 하던 감정선, 동선, 제스처까지도 판에 박은 듯 따라하고 무대에서 그것을 완성이라고 여긴다.

넷째, '잘못된 배우'는 자신이 노력하여 만든 역할을 모든 다른 역할에 똑같이 대입하여 연기하고 있는 배우이다. 그는 자신의 연기를 보여주는 것이 아니라 만들어 놓은 연기를 그대로 수행한다. 또한 그는 내가 아닌 지난 작품에서의 그 역할자가 하고 있는 것이다. 흔히 공연을 보고 '뭘 해도 똑같다'라는 말하는 경우가 있다. 이는 나 자신의 내면에서 나오는 진정한 표현이 되지 않기 때문이다.

다섯째, '잘못된 배우'는 지나치게 과장된 연기는 역할을 표현하는 데 해가된다. 어쩌면 과장에 의해 '나' 자신만 보이게 되는 수도 있다. 네 번째와는 반대되는 이유일 수 있으나 지나친 과장으로 평소의 내 모습이 그대로 드러날 수 있다. 결국 진솔하게 역할을 창조해 낼 수 있어야 한다는 것이다.

자신의 장점으로 그 역할을 창조해 낼 수 있는 배우가 되기까지에는 많은 노력과 경험이 필요하다. 무용수들에게 이러한 배우들의 잘못된 점들을 강조하는 이유는 배우도 무용수도 무대예술을 하는 행위자, 표현을 해야 하는 창조자이기 때문이다. 그런데 배우들에 비해 무용수들은 역할자로의 고민을 덜고 무대에 서는 것은 아닐까? 역할을 창조한다는 의미에서 무용수와 배우의 연구와 고민은 함께 이루어져야 한다. 무용수와 배우가 서로에게서 얻는 시너지 효과를 활용한다면 두 배의 공부가 되며, 표현의 질도 그만큼 높아질 것이다. 그래서 본 교재를 배우와 무용수가 함께 활용할 수 있기를 기대해 본다.

설정하기

본 단계는 구체적인 인물을 표현하는 연습의 첫 단계이다. 이 단계는 인물에 상징성을 부여하여 이중적 효과를 얻어내고 신체를 통한 신비감을 자아낼 수 있는 표현을 위한 텍스트 구축을 위한 기본 단계이다. 이 단계는 대본작업 훈련과정이기도 하다.

스토리라인이 명확하거나 구체적인 캐릭터가 설정되어 있을 때는 무용수들이 작품에 접근하는 방법을 달리해야 한다. 좀 더 명확하게 내용을 숙지하고 나서 그와 함께, 자신의 역할에 대한 분석과 타인과의 관계 등을 이해하려는 소통이 필요하다. 내가 그 인물이 되기 위해 오랜 시간이 걸리는 만큼, 서서히 단계를 경험해 가면서 한 가지씩 구축해 나가야 한다.

설정단계를 통해서는 다음의 과정을 진행한다.

인물 설정하기 → 인물에 대한 자료 찾기 → 인물 분석 및 캐릭터 설정하기 →
인물의 목표 정하기 → 파트너와의 관계성 찾기 → 토론하기

1) 인물 설정하기

각자 자기가 표현하려는 인물을 정한다. 인물을 정하는 데 중요한 점은 자신이 좋아하는 인물이나 반드시 표현해 보고 싶은 인물을 선택하는 것이 우선이다. 하지만 그와는 별개로 그 인물이 움직임으로의 전환과 작품으로 표현되기에 적절한지 여부를 잘 따져서 결정해야 한다. 선별력과 타당성의 문제를 반드시 고려해야 한다. 움직임에 의한 표현과 연기적 요소들로 제약을 주는 인물이 정해져 있는 것은 아니지만 공감할 수 있는 표현이 되어야 하기 때문이다.

> **제시** - 첫 연습에서는 잘 알려진 인물을 설정하는 것이 좋다.

ex: 동화 속 인물(신데렐라, 성냥팔이소녀…)

희곡 속 인물(햄릿, 로미오, 줄리엣…)

고전 속 인물(춘향이, 심청이, 홍길동…)

2) 인물에 대한 자료 찾기

정해진 인물에 대한 자료를 찾는다.

> **제시** - 인물에 관련된 자료는 글, 사진, 영상, 인터뷰 찾기

ex: 연극, 영화, 방송 등의 매체를 통한 자료

대본, 책 등의 텍스트자료

논문, 평 등을 통한 분석자료

기존 역할자에 대한 인터뷰자료

3) 인물분석 및 캐릭터 설정하기
(본 단계부터는 햄릿과 오필리어를 예로 들어 설명해 나감)

인물을 분석하고 자신에게 맞는 캐릭터를 설정한다. 자신이 선택한 인물에 관련된 책, 보도 내용 등을 충분히 반복해서 읽고 나면 그 인물에 대해 자신만의 의견이 형성된다. 그런 다음 기존 연출가들, 평론가들 등 타인의 의견이나, 평을 찾아보고 자신의 의견과 비교해 본다. 자신의 생각을 메모하고 어떤 특징을 부각시킬 것인지를 생각해 본다.

제시 – 자료에 의한 기존 분석(기존 연출가, 평론가, 역할자들의 분석)과 자신만의 분석을 토대로 자신이 표현하고자 하는 방향 설정.

ex: 기존 분석: 햄릿 ▶ 우유부단함, 얼굴이 하얗고 키가 작은 외모/

움직임의 곡선/ 이동 동선이 짧음

기존 분석: 오필리어 ▶ 순수하고 연약함/ 피부가 하얗고 가녀림

나의 분석: 햄릿 ▶ 복수를 향해 분노/ 즉흥적인 햄릿/ 얼굴이 희고, 키가 크며

마른 체형/ 움직임의 직선과 빠름/ 이동 동선 크지만 규칙적임

나의 분석: 오필리어 ▶ 가녀림, 감정의 기복이 큼/ 피부가 하얗고 애교 많은 소

녀/ 이동 동선 작음

4) 인물의 목표 정하기

인물의 목표를 설정한다. 인물을 설정하고 표현함에 있어서 그 특징을 더욱 부각시키려면 상황과 감정선이 단단하게 결합되어야 한다. 결과적으로는 인물의 상태가 보여야 그 캐릭터가 구체적으로 드러나므로 처음 목표를 정한 후, 적용하기 단계에서 완성된 인물을 구체적인 캐릭터로 표출할 때 본 단계에서 설정한 목표에 적용시켜야 한다.

제시 – 내가 설정한 인물은 어떤 상황의 누구(햄릿)인지? 목표 정하기

– 내가 설정한 인물은 어떤 상황의 누구(오필리어)인지? 목표 정하기

ex: 인물로 정한 햄릿을 '복수 때문에 불행한 햄릿'으로 표현.

ex: 인물로 정한 오필리어를 '아버지의 죽음이 내가 사랑하는 햄릿 때문임을 알고 미

쳐 버린 오필리어'로 표현.

5) 파트너와의 관계성 찾기

　듀엣이나 군무일 경우, 그들과의 관계를 이해하고 소통해야 한다. 이 단계에서는 사실적인 동작으로 시작하는 것이 좋다. 사실적인 동작을 상징적으로 바꿔나가면 훨씬 이해하기 쉽다. 또한 구체적인 동작으로 만들어지는 데 도움이 된다. 내용과 상황을 소통하고 서로간의 성격을 구체적으로 설정하며, 핵심 움직임을 정하여 접촉의 정도나 템포 등을 조절한다.

> **제시** – 대립적인 모습 취하기
>
> 　– 사랑하는 모습 취하기
>
> 　– 무관심한 모습 취하기

　ex: 상대와의 관계를 설정한다.

　상황을 나타내는 관계로는 서로 대립의 관계일 경우도 있고, 사랑하는 관계일 경우도 있으며 서로에게 무관심하여 의미 없음을 나타내는 관계도 있다. 복수를 해야 하는 관계와 상상 속 관계도 있다. 엄마와 자식 간인 혈연관계나 친구관계도 있다.

　그러나 이러한 관계들은 무용작품 안에서 자세하게 또 사실적으로 표현하기 힘들다. 사실적으로 표현되는 것이 오히려 흥미를 떨어뜨릴 수도 있다. 관계를 과연 어떤 방법으로 효과적인 표현을 해야 할지를 생각하는 것이 '상황'이다. 상황을 만들어가다 보면 그 상황 안에서 인물의 관계는 만들어지기 마련이다. 그리고 그 인물은 상황에 힘을 받아 자신을 확실하게 표현해 낼 수 있다. 우리는 무용에서 동작을 통해 관계를 만들어 간다. 그 동작들은 할머니와 손녀일 때와 엄마와 아줌마의 관계일 때와 크게 다르지 않다.

접촉에 의해 이루어지는 동작만으로는 인물 표현에 한계가 있다. 그렇다면 우리가 관계성을 찾고 지금부터 해나가야 할 연습은 동작이 아닌 것은 아니다. 동작을 만들지만 그 동작을 하기 위한 모티브가 있고 상황 안에서 무엇을 위해 만들어 보자는 것이다. 그래야만 관계가 구체화될 수 있다.

사실적인 동작과 상징적인 동작으로의 변화는 그들의 관계를 깊이 있게 만들 수 있다. 다음의 과정들을 통해 관계의 심화를 경험해 보자.

6) 토론하기

자신이 구축해 낸 캐릭터를 움직임으로 만든 다음, 사실적인 부분과 상징적인 표현을 자연스럽게 접목시켜 표현해 본다.

인물 표현에서 어려운 점은 우선 접근 방법이다. 시작 지점이 불분명하기 때문에 움직임으로만 인물을 표현했다면, 이제는 그 인물의 '특징'과 인물을 '비유할 수 있는 또 다른 상징성', 그리고 '감정'까지 불어넣을 수 있는 본 과정에서 많은 도움을 받을 수 있을 것이다.

그러나 연습단계에서 실행단계에 이르는 동안 자신이 가장 힘들었던 부분이 있을 것이다. 그러한 과정에 대해 토론하고 서로의 의견을 듣는 과정은 매우 중요하다. 설정하기에서 보여 준 인물의 캐릭터 설정과 분석 및 특징에 대한 의견이 지도자나 동료의 눈에는 어떻게 보여지게 될지 의견을 듣고 자신의 생각과 공유하는 시간이다. 이 과정에서 자신이 볼 수 없었던 부분이 발견되거나 다양한 자료에 의해 기발한 아이디어가 나올 수 있는 과정이다. 이때 자신의 의지가 무너져서는 안 된다.

다음은 각자의 설정하기를 통해 가장 힘들다고 느꼈던 점을 토론하며 문제점을 풀어나간다.

-인물을 설정하는 데 문제가 있었다-

각자가 원하는 인물을 선택하는 데 있어서 어려웠던 점이 있다. 인물을 결정해 놓고 나서도 자꾸 바꾸는 경우가 생긴다. 그래서 시작을 못하고 있는 경우가 생긴다. 이 경우는 자신이 좋아해서 선택한 인물이 움직임으로 표현하기에 편한 인물과 일치하지 않기 때문이다. 결국 좋아하는 인물을 선택했다가 표현하기에 무리가 있다고 생각하는 것이다. 처음 제시한 사항에서 우리가 다 알고 있는 인물을 선택하는 것이 좋다고 한 이유도 바로 그 때문이다. 모두가 잘 알고 있는 인물의 특징은 쉽고 접근할 수 있으며 공감할 수 있다. 그래서 처음 연습은 쉽게 접근해 가는 것이 바람직하다.

그러나 어떤 인물을 표현하더라도 특징을 증폭시키고 표현하는 자의 의도대로 유도하여 자신만의 방법으로 표현해 내는 것이 매우 중요하다. 그것이 바로 능력이다. 그 인물을 표현하면서 관객이 이름 세 자를 맞추는 것이 중요한 것은 아니다. 복수를 표현하기 위해서 보이지 않는 인물로 햄릿이라는 캐릭터를 설정해서 풀어나가는 경우가 있듯이 주제를 위해 좀 더 구체적인 인물을 드러내기도 한다. 단순히 인물만을 위한 표현을 해야 할 경우는 그 인물과 관련된 또 다른 것을 이용해서 그 인물이 표출되도록 한다.

그렇다면 여기서 중요한 것은 인물이 주체인지, 주제를 위한 인물설정인지를 명확히 파악하고 작품에 임해야 한다. 본 교재의 연습과정과 실행과정은 인물을 표현하기 위한 과정이다. 실행과정에서는 인물의 캐릭터 구축에 확신이 생겼다면 주제를 위해 인물이 활용되도록 한다. 오랜 시간 인물과 상황, 특징을 되새기며 연습에 임한 나머지 인물에서, 더 나아가 그 인물이 표현해야 되는 주제가, 명확하게 드러난다. 결국 인물 표현 방법에서부터 주제 표현 방법까지를 연습하게 되었음을 말해 준다.

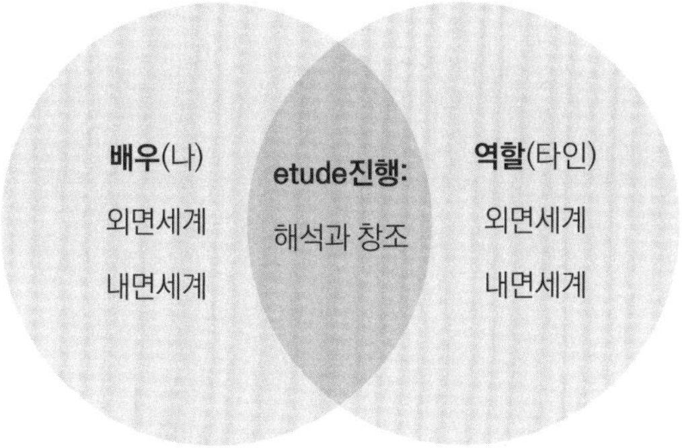

배우(나)
외면세계
내면세계

etude진행:
해석과 창조

역할(타인)
외면세계
내면세계

〈그림 1〉 배우의 연기 행위 과정(김태훈, 2005)

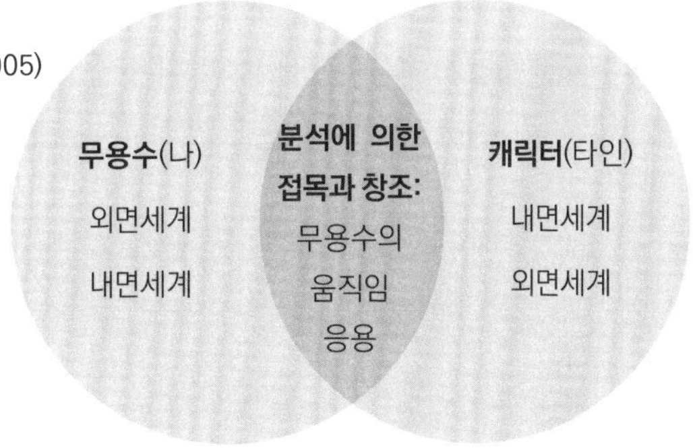

무용수(나)
외면세계
내면세계

분석에 의한
접목과 창조:
무용수의
움직임
응용

캐릭터(타인)
내면세계
외면세계

〈그림 2〉 무용수의 표현과정 (홍선미, 2008)

인물 설정에서는 자신이 직접 표현해야 되는 핵심이 무엇인지를 파악하고 움직임과 연기로 표출시킬 수 있는 선별력에 의거해서 결정하도록 한다. 또한 지속적인 움직임 연구와 특징을 접목시키는 과정 안에서 짧은 시간 내에 만들어지지 않음을 강조한다.

〈그림 1〉의 배우의 연기 행위 과정을 보면 즉흥(etude) 훈련 후 두 타원이 만나서 점점 교집합이 생겨난다. 〈그림 2〉 역시 교차지점이 커지려면 연습이 반드시 필요하다. 연습이 충분히 되면 교집합의 크기도 그만큼 넓어져 하나의 원에 가깝게 되기 마련이다. 무용수들이 인물을 표현할 때도 그 과정을 겪어야 한다는 것이다. 쉽게 움직임을 남발하거나 연습을 해보지도 않고 포기하지 말아야 한다. 무용수들에게 부족한 부분이 이 과정을 통해 숙지되었으리라 믿는다.

설정하기를 마치고나면…

설정하기를 마치고 나면 내가 결정한 인물을 어떠한 캐릭터로 설정하여 연습을 시작해 나갈지가 확실해져야 한다.

주의점 1. 역사 속 인물이나 희곡 속 인물은 반드시 책 내용을 읽어본 후 선택할 것.

주의점 2. 다음 과정들을 진행하면서 문제점이 생기면 무작정 인물을 바꾸려하지 말 것.

응용하기

응용하기 과정은 설정하기에서 정해진 인물과 구체적인 캐릭터를 움직임으로 만들기 위한 단계이다. 내가 누구인지를 움직임으로 표현하기란 말처럼 쉽지 않다. 이 단계는 인물을 좀 더 구체화시키기 위한 방법으로 상징성을 만들어 보고 그것을 반복해서 인지시키는 단계이다.

우선, 설정한 인물분석에 따른 가장 비슷한 동물, 식물, 물체, 색깔 등을 찾아야 한다. 누구나 다 알고 있는 인물과 동물, 식물, 물체, 색깔 등을 선택하는 것이 좋다. 자신이 분석한 인물의 특징과 가장 비슷한 동물, 식물, 물체, 색깔 등을 어떠한 방법으로 관련지을지를 결정한다. 동물, 식물, 물체, 색깔의 특징을 인물의 성격이나 외형, 또는 상황을 생각하고 선택한다. 자신이 생각하는 그 인물의 상징성을 결정해야 한다. 예를 들어, 오필리어는 흰색으로, 햄릿은 검붉은색, 오필리어는 작은 새끼 원숭이로, 햄릿은 달리고 싶은 말로 정하여 원숭이, 말의 움직임에서 동작이 응용되어야 한다.

이 단계에서는 설정한 모든 것을 그대로 따라해 보고 물체 본래의 이미지를 되풀이 한 후 그 안에서 내가 추구하는 상징적 움직임이 파생되어 나와야 한다. 결국 마지막 상징적 동작이 만들어지면 그 동작은 캐릭터를 표현하기 위한 대표 동작, 즉 주제 동작이 되는 것이다. 이 주제 동작은 항상 반복되어져야 하며 관객입장에서 그 동작으로 인물을 알 수 있을 정도가 되어야 한다.

응용하기에서는 다음의 과정을 실행해 본다.

상징적 관련짓기 → 움직임으로 흉내 내기 → 상징적 동작 만들기

1) 상징적 관련짓기(동물, 식물, 물체.....)

자신이 분석해서 설정한 인물을 동물이나 식물, 특정한 물건 등의 특징과 관련짓는다. 동물, 식물, 물건 등의 특징을 인물과 접목시키려면 자신이 표현하기 쉽고 상황과 어울릴 만한 것으로 선택하는 것이 좋다.

제시 – 떠오르는 이미지들을 나열해 본다.

– 움직임으로 표현하기 쉽고 자신의 장점을 살릴 수 있는 선택을 함.

ex: 오필리어 ▶ 가녀리고 감성이 풍부함, 근심에 가득 찬 불안한 모습,

아버지 죽음으로 미쳐 버림

▶▶ 흰 새끼 원숭이/ 코스모스/ 흰 손수건, 흰 양산

햄릿 ▶ 포악하고 즉흥적임, 분노에 차 있는 모습

▶▶ 말 / 선인장 / 레드와인

2) 움직임으로 흉내 내기

자신이 선택한 상징적 표현 도구를 직접 따라해 보거나 나열해 본다. 흉내 내기를 통해 자신이 표현하고자 하는 인물과 도구와의 연관성을 찾는다.

제시 – 동물의 특징과 식물의 외형과 색깔, 물체가 주는 이미지 정하기

ex: 햄릿 – 말 /선인장 / 레드와인, 검은 우산

방법 ① 말 흉내 내기: 말 느낌을 연상하며 따라해 본다.

움직임 표현법 1 인물 표현을 위한 연습단계

-말의 발과 손의 특징을 흉내 낸다.

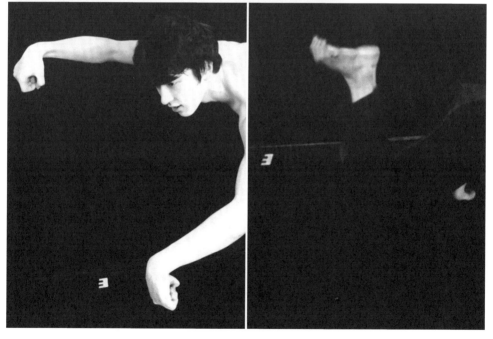

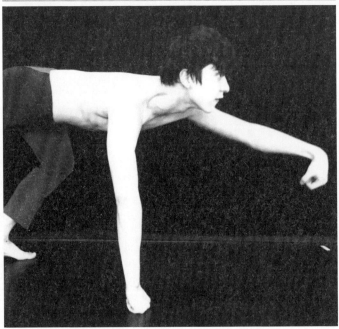

움직임 표현법 1 인물 표현을 위한 연습단계

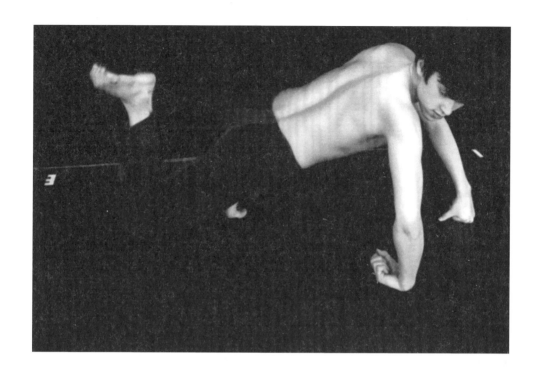

　처음 사진부터 살펴보면 몸의 움직임이 점점 적극적으로 흉내 내기를 하고 있음을 알 수 있다. 흉내 내기를 하다가 차츰 스스로 변형해 나간다. 답답함을 느끼면서 하고 싶은 움직임들이 생겨난다. 이미 자신이 설정한 내용 안에서 움직이기도 하고 무작정 말의 형상을 만들어 내기도 한다. 이 모두가 자연스러운 현상이다. 그 과정을 통해서 서서히 자신의 의도를 만들어 갈 수 있어야 한다.

방법 ② 선인장 흉내 내기: 선인장을 천, 손가락을 활용하여 흉내 내기를 한다.

자유롭게 손과 천을 변형한다.

　　　　　　　　　　　　　　　움직임 표현법 1 인물 표현을 위한 연습단계

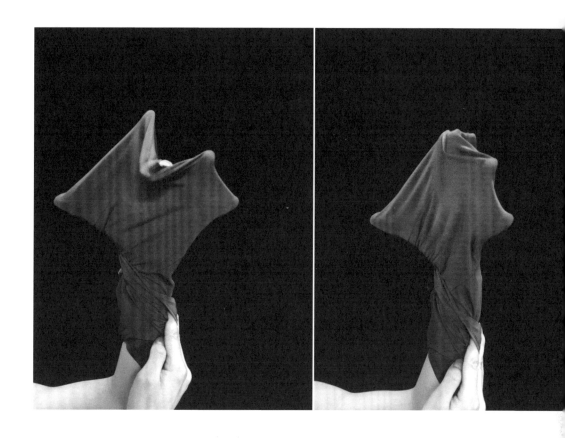

　선인장의 뾰족함이 둥글둥글하고 날카롭지 않기 때문에 천을 활용하여 상
징적인 이미지로 흉내 내기를 하고 있다. 손가락 모양을 다양하게 변형시켜 가
며 재미를 준다. 각자의 느낌대로 또 다른 방법을 해나갈 수 있다.

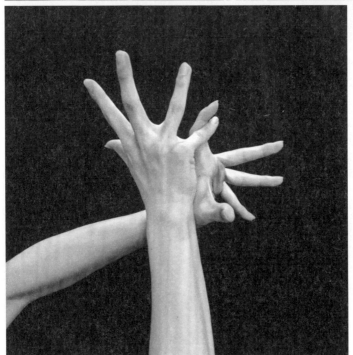

- 손가락을 활용하여 흉내 내기를 한다.

움직임 표현법 1 인물 표현을 위한 연습단계

　앞의 선인장보다는 가시 같은 느낌이 강하기 때문에 손가락을 드러내서 표현한다. 좀 더 손톱이 길고 뾰족하면 효과가 클 것이다. 한 사람의 손보다 두 사람의 손이 모여지니 더 재미있고 선인장 이미지가 강하게 느껴진다.

방법 ③ 레드와인 흉내 내기: 레드와인의 느낌을 자유롭게 따라해 본다.

붉은 테이프를 활용하여 흉내 내기를 해본다.

와인의 느낌을 빨간 테이프를 이용하여 흉내 내기를 해본다. 빨간 테이프가 어떤 식으로 응용될지 궁금하다. 결국 와인 잔과 빨간 테이프는 햄릿을 표현하는데, 의지, 분노, 또는 피 등으로 활용될 것을 암시한다.

−얼음 대신 비닐을 활용하여 흉내 내기를 해본다.

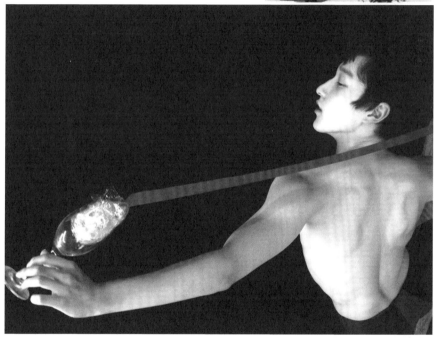

진짜 얼음이 아니라 비닐을 활용했다. 신체와 함께 표현하면 또다른 암시를 준다. 흰 피부와 남성의 근육, 붉은 테이프 그리고 차가운 와인 잔이 햄릿의 이미지를 어떤 방향으로 끌고 갈지 호기심을 갖게 한다.

방법 ④ 우산 흉내 내기: 무거움, 그림자 느낌의 검은 우산의 이미지를 흉내 내본다.

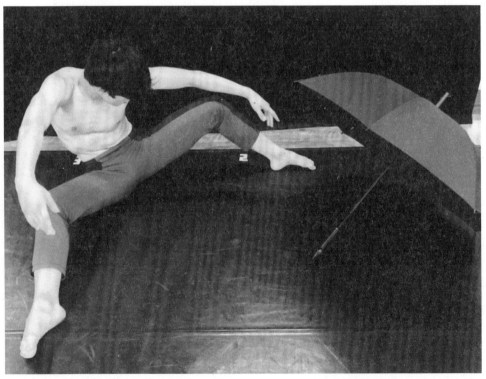

움직임 표현법 1 인물 표현을 위한 연습단계

우산의 이미지를 몸·팔·다리의 커브와 한쪽으로 벌어진 상태로 흉내 내기를 하며 음침하고 무거운 느낌을 남자무용수의 신체로 표현해 본다.

햄릿이미지로 선택한 말 흉내 내기, 선인장 흉내 내기, 레드와인, 검정 우산의 이미지 흉내 내기를 해보았다. 그렇다면 본인이 분석한 햄릿은 포악하고 즉흥적임, 늘 분노에 찬 모습 등이 말, 선인장, 레드와인, 검정 우산 등에 의해 어떤 방법으로 응용해 나가야 할지 고민해 본다. 흉내 내기를 하는 동안 이미 응용동작들이 나오기 시작하는 것을 알 수 있다. 그래서 그 특징을 발견하고 그것을 모티브로 움직임을 확장시켜 나가야 함을 알 수 있는 과정이다. 남자무용수는 오히려 확장된 움직임을 하고 싶다고 생각하게 될 것이다. 그러나 캐릭터를 구축하기 위하여 단계를 밟아가는 것이 중요하며 자신이 선택한 이유를 설득력 있게 풀어나갈 수 있도록 집중하여 다음 단계를 이어간다.

다음은 오필리어의 이미지로 선택한 새끼 원숭이, 코스모스, 흰 손수건, 흰 양산 등을 흉내 내본다.

제시 – 동물의 특징과 식물의 외형과 색깔, 물체가 주는 이미지 정하기.

ex: 오필리어 ▶ 새끼 원숭이 / 코스모스 / 흰 손수건, 흰 양산

방법 ① 원숭이 흉내 내기: 새끼 원숭이의 순한 느낌을 따라해 본다.

bar를 이용하여 원숭이가 난간에 매달린 모습을 흉내 내본다. 새끼 원숭이 느낌을 내기 위한 조심스런 이미지를 보여준다. 본인이 어떤 감정으로 흉내를 내는지에 따라 움직임의 느낌도 다르다. 불안한 감정, 안정적인 감정, 호기심, 누군가를 기다리는 중 등의 감정을 각자가 변화를 주며 흉내 내기를 한다. 사진에 지나치게 얽매이지 말고 자연스럽게 다양한 원숭이의 느낌을 관찰하고 따라해 본다.

턱을 빼고 엉덩이를 들고 등을 완전하게 펴지 않는 움직임을 흉내 낸다. 움직임이 점점 적극적으로 변화되어 간다. 움직임이 생겨나면서 원숭이의 특징이 증폭된다. 원숭이는 빠른 움직임을 할 때 아니면 가만히 바라보고 거의 움직이지 않을 때가 많다. 자세히 관찰하면 인간의 움직임과 매우 흡사하므로 움직임을 만들어 가는 과정이 어렵지 않을 것이다. 과감하게 흉내 내고 움직임을 자유롭게 하다 보면 재미있게 표현될 수 있을 것이다.

엄마 등에 업힌 새끼 원숭이의 모습은 역동적이다. 엄마의 다리가 들려 있으나 배우가 불안하여 높게 들지 못하고 있고 역동적인 움직임을 표현하려다 보니 욕심이 생겨 떨어지는 과정이 생겨났다. 서서히 움직이며 다양한 움직임이 만들어질 것이다. 이처럼 혼자가 아닌 두 사람 이상이 어우러져야 할 경우는 즉흥적인 움직임 속에서도 자신만의 확실한 특징을 고수하며 움직여야 할 것이다.

움직임 표현법 1 인물 표현을 위한 연습단계

생각나는 이미지를 자유롭게 움직여 본다.

주입하려 하지 말고 스스로 다양하게 움직여 본다.

　소녀 같은 이미지가 강하다. 순수하고 해맑은 이미지다. 흰색 원피스가 코스모스의 느낌을 보여주는 데 도움이 되고 있다. 어떤 움직임도 필요 없는 듯하다. 응용동작이 기대되며 오필리어를 증폭시킬 이미지로 변형될 수 있을 것이다. 응용하기를 통해 다양하게 변형될 것이다.

주위에 있는 다른 코스모스를 표현하기 위해 관객처럼 앉도록 했다. 그 중에서 단연 순수하고 가녀린 소녀의 느낌을 주기 위함이다. 그런데 다른 코스모스가 중앙의 코스모스를 바라보고 있는데 모두 각자의 방향을 보고 있다면 위 사진의 느낌을 살릴 수 있을 것이다.

방법 ③ 흰 손수건 흉내 내기: 흰 손수건의 느낌을 자유롭게 따라해 본다.

바닥에 떨어진 손수건의 힘 없는 상태와 손수건의 깨끗함을 특징으로 한 상징적인 움직임을 만든다.

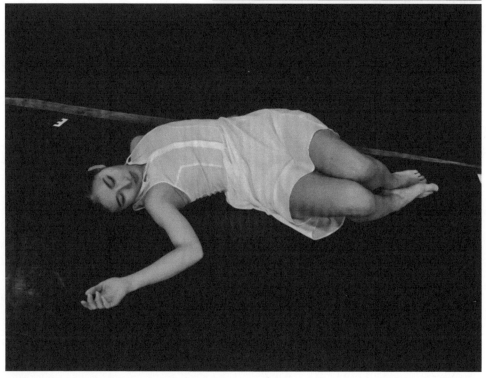

　　바닥에 떨어진 손수건의 힘없는 상태와 깨끗함의 특징을 흉내 내기 하고 있

다. 몸 전체의 릴렉스된 상태가 축 쳐진 손수건의 느낌을 잘 따라하고 있으며

보기만 해도 오필리어를 느낄 수 있도록 해준다. 오필리어의 잠든 모습이거나

죽은 모습일 수도 있다. 다양한 변화로 손수건의 느낌을 줄 수 있다.

　이 부분의 포인트는 리본으로 묶은 손수건을 두 팔을 사용하여 동질적인 의
미를 만들어보는 것이다. 두 팔을 가슴 앞으로 위치시켜 보거나, 변형해서 머
리 뒤로 두팔을 올려 리본으로 묶은 손수건을 흉내 내고 있다. 꼬인 다리도 같
은 효과다. 훨씬 정리되어 보이며 주관이 뚜렷해 보이는 오필리어의 이미지다.
두 사진의 이미지는 다른 느낌인데 상황에 따라 잘 활용해야 한다.

여자의 느낌과 누군가에게 전신을 다 보이고 싶지 않은 모습을 특징으로 삼아 상징
적 움직임을 만든다.

원숭이 사진을 찾기 힘들어서 강아지 사진을 활용했다. 첫 번째 사진보다는 다리를 벌리고 움직임을 표현하는 모습이 훨씬 원숭이 이미지에 가깝다. 또한 호기심이 강한 오필리어 이미지로 하얀 양산이 오필리어의 마음을 살짝 가려 주는 듯하다. 어떻게 양산을 활용할지에 대해 생각하고 적절한 선택을 한다.

오필리어 이미지를 상징적으로 표현하기 위해 선택한 새끼 원숭이 흉내 내기, 코스모스 흉내 내기, 흰 손수건, 흰 양산의 이미지 흉내 내기(사용하기)를 해보았다. 본인이 분석한 오필리어의 이미지는 가녀리고 감성이 풍부함, 근심에 가득 찬 불안한 모습, 아버지 죽음으로 미쳐 버린 소녀였으므로 흉내 내기를 통해 원숭이, 코스모스, 흰 손수건, 흰 양산 등과 잘 어우러지도록 고민해야 한다. 흉내를 내면서 움직임이 조금씩 변형되고 있음을 느끼게 되는데 이는 매우 자연스러운 현상이다. 움직임이 변형되어 가는 과정은 동영상이나 사진으로 남겨두는 것이 좋다. 인물의 캐릭터를 구축하기 위하여 단계를 밟아가는 것이 중요하며 자신이 선택한 이유를 설득력 있게 풀어나갈 수 있도록 집중하여 다음 단계를 이어간다.

3) 상징적 동작 만들기

상징적 동작을 만들기 위해서는 흉내 내기를 통해 알게 된 특징과 자신이 표현하고자 하는 인물의 특징을 어떤 움직임으로 어필할 것인지를 생각해야 한다. 즉, 반복적인 동작들을 만들어 가면서 나만의 동작을 구축한다. 결국 인물을 표현하기 위한 주제 동작이라고 할 수 있다. 햄릿을 대표할 수 있는 동작이기도 하며 충분하게 캐릭터에 대한 집착을 보여줌으로써 보는 사람들에게 확실하게 인지시키기 위함이며 상징적 동작을 만드는 것은 나에게 기억의 수단으로 작용한다.

상징적 동작은 음악에 빗대어 말하면 크게는 후렴구라고 말할 수 있다. 또한 상징적 동작은 음악의 형식으로는 Rondo 형식에 해당되는데 반복적으로 나오는 악상이 있다. 주제라고 말하는 악보상에 규칙적으로 등장하는 멜로디이다. a-b-a-c-a-d-a-e라고 하면 여기에서 a가 반복되고 있으며 주제가 된다. 본 장은 그러한 주제에 대한 움직임을 상징적으로 만들어 나가는 과정이다.

> **제시** - 반복적으로 동작을 만든다.
>
> -하나의 프레이즈로 만들어 본다.
>
> -특징을 정해서 지속적으로 활용해 나간다.

방법 ① 말 동작을 활용한 상징적 동작 만들기

말이 달리는 모습을 특징으로 할 것인지 말의 형상을 위주로 특징화할 것인지를 명확하게 한다.

말의 외형적 특징, 즉 발, 몸통 등의 움직임을 형상화해 나간다.

달리고 싶지만 달릴 수 없는 고통과 분출하는 에너지 등을 내면으로 설정한다.

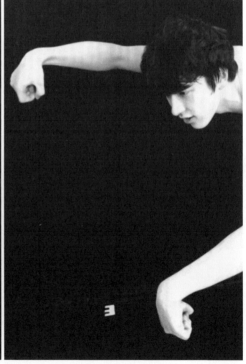

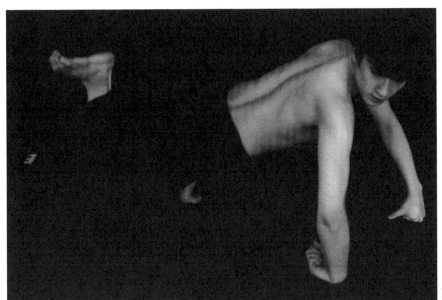

-손과 발의 모양을 특징으로 설정한다.-

-전굴을 사용한 몸통의 움직임-

움직임 표현법 1 인물 표현을 위한 연습단계

-후굴을 사용한 몸통의 움직임-

다양한 움직임으로 응용할 수 있다. 이때 손과 발의 모양이 중요하다. 몸통을 숙였을 때와 뒤로 젖혔을 때의 느낌을 잘 살려서 동작을 응용한다. 말의 특징은 달리는 것이기도 하지만 달리는 모습을 상징화하기 힘들다. 때문에 달리는 모습에 대한 상징성이 필요하다. 뛰는 모습의 특징을 잘 살려서 만들어 볼 수 있다. 상체를 뒤로 젖히면 역동적으로 느껴지고 후련함을 준다. 또한 말이 갑자기 머리를 털거나 꼬리를 크게 흔들어 될 때가 있는데 그러한 모습을 상징성으로 만들어 보는 것도 재미있을 것이다.

손가락을 활용하고 머리카락을 활용한다. 손가락이 여러 개일 때의 느낌을

비교하면서 만들어 본다.

햄릿의 날카로운 심정과 어우러질 수 있도록

손가락 동작을 시도해 나간다.

매니큐어 느낌이 날카로움을 증폭시키기도 한다.

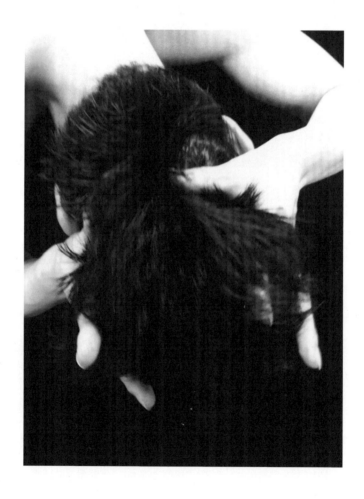

머리카락과 손가락을 이용하여 뾰족함을 나타낸다. 앞에서 흉내 내기를 했을 때 머리카락 없이 손가락만으로 표현했다. 응용하기에서는 머리카락을 함께 활용하니 또 다른 느낌을 준다. 풍성함과 검은 머리카락과 대조되는 손가락이 돋보인다. 이때 손가락을 자유롭게 움직이며 응용하거나 털실이나 뻣뻣한 천을 활용하는 것도 한 방법이다.

방법 ③ 레드와인 이미지의 상징적 동작 만들기

　　와인 잔과 붉은 테이프를 활용하여 움직임을 만들어 본다. 와인은 햄릿의 책 내용 안

에서도 사용되고 있기 때문에 내용을 아는 사람들에게는 강하게 어필될 것이다.

　　와인 대신 붉은 테이프를 적절하게 활용한다.

　와인 잔과 붉은 테이프를 활용하여 상징성을 만들어 보았다. 그런데 붉은 테이프가 피의 상징, 죽음의 상징으로 활용될 수 있다. 붉은 테이프 대신 붉은 천이나 붉은 꽃가루도 활용할 수 있다. 붉은 색 테이프가 레드와인에서부터 시작되었음을 잊지 말고 내가 생각하는 이미지가 어떤 경로에서 시작되어 발전되어 가는지 생각해야 한다. 1차원적인 표현과 오브제 사용이 아닌 비유와 은유 등의 표현들이 훨씬 세련된 표현이다. 오히려 사실적으로 와인을 와인으로 피를 피로 그대로 표현하는 1차원적 표현보다 강하게 어필된다. 타당성을 생각하고 결정하기만 한다면 움직임을 만들어내는 데도 크게 도움될 것이다.

검정 우산의 무거움과 무언가를 가리려는 이미지를 만들어 본다. 햄릿이 자신을 가리기도 하고 죽은 오필리어의 아버지를 가리면서 무덤처럼 활용하기도 한다. 또한 밤마다 나타나는 아버지의 망령을 상징하기도 한다.

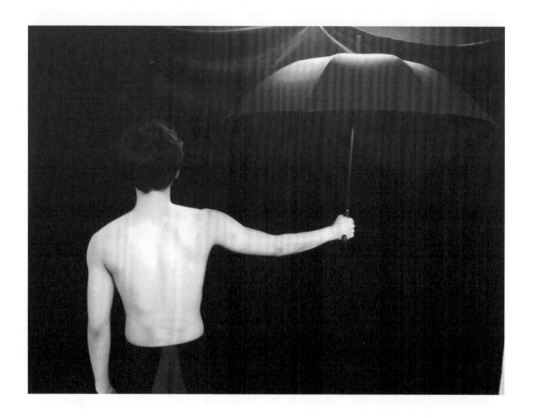

검정 우산의 무거움과 무언가를 가리려하는 이미지를 만들어 본다. 우산이 곧 '나'이기도 하고 상대이기도 하여 대립적인 느낌을 주기도 한다. 자신의 의도에 따라 검정 우산을 활용한다. 검은 무덤, 검은 그림자 등으로 활용할 수 있다. 검정 우산을 사용하는 무용수의 이미지와 잘 조화될 수 있도록 한다. 여기서는 햄릿이 검정 우산을 긍정적인 표현을 위해서 사용하지 않음을 암시한다.

햄릿의 이미지를 구축하기 위해 다양한 방법으로 움직임을 표현하는 동안 캐릭터를 잊어버리고 재미있는 동작을 만들거나 본 목표를 잊은 채 무의미한 움직임을 할 때가 많다. 순간순간 자신이 누구이며 어떤 느낌으로 접근해야 되는지를 상기하며 의미 있는 움직임, 즉 동작 만들기를 해야 한다. 또한 자신이 사용하고 있는 오브제의 의미는 매우 중요하기 때문에 검정 우산을 만지고 들고 바라볼 때 형성되는 상징성을 잘 유념해야 한다.

방법 ① 새끼 원숭이 동작을 활용한 상징적 동작 만들기

호기심이 많아 보이는 원숭이 특유의 가벼운 움직임으로 상징성을 만든다.

턱을 빼고 움직임을 해 보며, 가벼움을 상징으로 만들어 본다.

원숭이의 특징을 움직임으로 만들기는 어려움이 없어 보인다. 그러나 '오필리어'라는 인물에 대입하려면 어려움이 따른다. 턱을 사용하거나 움직임의 커브, 가벼움 등을 느끼면서 연결된 동작으로 만들어서 프레이즈를 구축해 나간다.

움직임 표현법 1 인물 표현을 위한 연습단계

방법 ② 코스모스 느낌의 상징적 동작 만들기

코스모스의 연약함과 흔들림을 특징으로 상징적 움직임을 만든다.

주입하지 말고 자유롭고 다양하게 움직인다.

코스모스의 가냘픔 때문에 불안한 느낌, 바람에 흔들리는 모습, 머리를 늘어뜨린 모습 등을 움직임으로 표현하였다. 하얀 원피스의 느낌과 표정이 여성스러움을 강조하며 가냘픈 모습으로 움직이는 코스모스 또한 오필리어의 느낌을 준다. 움직임을 만들어 갈 때 자신의 장점을 고려하여 코스모스의 이미지를 부합시킨다면 훨씬 아름다운 움직임으로 표출될 것이다. 다양한 움직임으로 활용해 본다.

정적으로 바닥에 늘어져 있던 흰 손수건이 동적으로 움직임을 시작한다.

템포를 달리해 본다.

변화를 주지만 릴렉스 상태를 유지한다.

응용단계에서 가장 중요한 포인트는 무용 고유의 특징을 살릴 수 있어야 한다는 점이다. 특히 어떠한 물체를 보고 그 느낌을 불어넣는다는 것은 쉽지 않다. 그야말로 생명을 불어 넣어 준다는 의미인데 더욱이 예술성을 가미하여 심미안, 타당성까지도 고려해야 하므로 신중을 기해야 한다. 사실적인 방법으로 활용한다는 것은 창작자에게는 큰 의미가 없다. 바닥에 늘어져 있던 흰 손수건이 조금씩 움직임을 시작하면 그 손수건에 담긴 의미를 찾게 된다. 그 의미를 찾아내는 것이 주제를 찾아내는 것이나 다름없다. 위 사진에서도 알 수 있듯이 이미 오필리어를 설정하였기 때문에 소녀 이미지와 슬픈 이미지로 느껴진다. 호기심을 불어내며 비극의 암시를 살짝 느끼게 한다. 그러나 상황극으로

오필리어의 행복한 장면만을 연출하게 된다면 반드시 슬프게 표현되지 않을

것이다. 흰 손수건이 아닌 다른 물건을 설정할 수도 있다.

ex: 햄릿과 오필리어의 상징적 동작을 동시에 해본다.

제시 – 두 사람이 동시에 움직이는데 각자의 이미지를 잃지 않는다.

방법 ① 말과 원숭이 = 햄릿과 오필리어

햄릿이 오필리어를 쳐다볼 때와 쳐다보지 않을 때를 비교하며 느낀다.

각자 움직일 때와의 차이점을 체크한다.

움직임 표현법 1 인물 표현을 위한 연습단계

　위 사진들은 말의 이미지와 새끼 원숭이의 이미지를 함께 보여 주고 있다. 말은 새끼 원숭이를 의식하고 있다. 마지막 사진은 각자의 움직임을 보여 줄 뿐 서로를 의식하지는 않는다. 그러나 원숭이는 쉽게 움직이지 못하고 뭔가를 암시하는 모습이며, 말은 자신의 의지를 다짐하는 느낌을 준다. 아직은 상황을 깊게 만들어 가지 않지만 스스로 변화를 주려는 움직임과 욕구가 엿보인다. 서 있는 말과 앉아 있는 원숭이의 모습이 대조적인 힘과 구성으로 나타난다.

선인장을 사랑스럽게 바라보며 대상을 생각한다.

　가시 때문에 아플 것 같은 선인장을 소녀인 오필리어가 감싸안으려 한다. 마치 사랑하는 햄릿의 마음을 감싸안으려는 듯…. 선인장의 뾰족하고 오그라든 모습과 코스모스의 활짝 핀 모습이 대조적이다. 이러한 상황들이 잘 어우러져 표출될 수 있어야 한다.

방법 ③ 흰 손수건과 레드와인

레드와인의 의미를 피와 인연의 끈으로 설정한다.

끈이 있을 때와 없을 때의 차이를 체크한다.

흰 손수건 위로 레드와인이 쏟아지는 느낌을 표현한다. 레드와인은 피를 상징하기 위함이나 햄릿이 오필리어에게 보내는 사랑의 열정, 욕정 등을 의미할 수도 있다. 흰 손수건 위에 레드와인이 뿌려지는 느낌은 피를 의미하는 것 같지만 상황을 어떻게 만드는지에 따라 또는 목표가 무엇인지에 따라 의미는 달라질 수 있다. 남자무용수에 의해 뿌려지는 모습은 죽임을 당하는 듯하기도 하다. 다양하게 응용해 본다.

방법 ④ 말과 코스모스

말과 코스모스를 대조적으로 보여준다.

크기의 대조와 움직임의 대조를 통해 두 사람의 관계와 상황을 느껴본다.

대조 속에서 사랑하는 인연 관계임을 느끼게 해 본다.

서로의 움직임을 상대에게 자유롭게 제시한다.

말이 오히려 코스모스보다 자세를 낮추고 있어서 코스모스를 받쳐 주는 느낌이 든다. 말은 선한 이미지이며 코스모스는 행복한 표정과 움직임을 보여 주고 있다. 둘이 일부러 접촉하지는 않고 있지만 서로를 의식하고 있는 모습이다. 움직임이 발전되면 서로에게 시너지를 줄 것이다. 다양하게 높낮이와 힘의 변화를 주며 움직여 본다.

자유롭게 움직이라고는 했지만 자신들에게 주어진 역할과 관계가 설정되어 있으므로 결코 자유롭지만은 않다. 그러나 한 곳으로의 집중도는 증가할 것이다.

레드와인이 새끼 원숭이의 고개를 떨어뜨리게 했다.

새끼 원숭이가 끈에 집착한다.

끈을 굳이 만지지 않고서도 집착을 표현해 본다.

말에 의해 표현될 때와 혼자 표현할 때 본인들의 느낌을 체크해 본다.

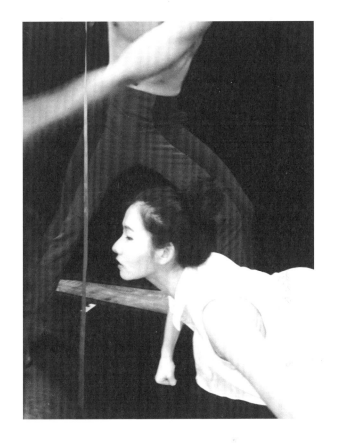

　레드와인은 어떤 암시인지를 말해준다. 그런데 남자무용수가 노출될 때와 노출되지 않을 때는 매우 다른 느낌이다. 움직임을 만들어 나갈 때 레드와인을 사용하는 주체가 누구인지가 매우 중요하다. 일부러 노출시킬 때와 그렇지 않을 때는 그에 합당한 이유가 분명해야 한다. 레드와인을 위에서 뿌리는 것으로만 사용될 수도 있으며, 누군가에 의해 레드와인이 뿌려지는 대로 이동하며, 움직임을 만들어 나갈 수도 있기 때문이다. 또한 와인 잔에서 쏟아질 때와 그냥 뿌려질 때, 무용수 몸에 뿌려질 때 등등에서 의미는 달라진다는 사실을 명심해야 한다. 본인이 레드와인을 직접 뿌리는 경우는 전혀 다른 의미를 준다.

선인장 때문에 손수건이 찢어지는 느낌을 연상한다.

선인장을 바라보기도 하고 눈을 감고 이미지만 보여 주기도 한다.

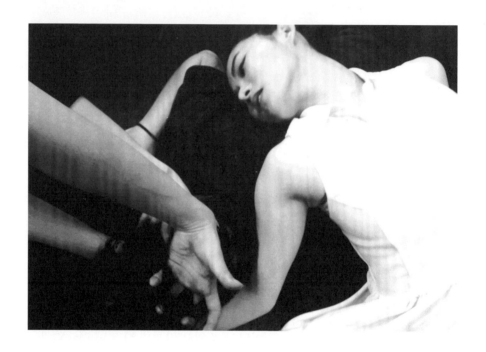

　손수건은 선인장을 바라보고 있지만 선인장은 반대 방향을 향해 있다. 선인장을 표현한 손의 날카로움과 힘이 덜 느껴진다. 그런데 손수건은 힘들어하며 선인장을 바라보고 있다. 아마도 오필리어는 햄릿의 상징인 선인장을 바라보며 어쩔 수 없는 상황을 이해한다는 의미로 보인다. 여자무용수가 이미 내용을 인지하였고 인물의 캐릭터가 구축된 상태여서 움직임의 표정에 의미를 담고 있다.

4) 토론하기

동물, 식물, 물체 등과 어우러지도록 연계시키는 과정에서 어려움이 있었다.

자신이 구축해 낸 캐릭터를 움직임으로 만들어서 사실적인 부분과 상징적인 표현을 자연스럽게 접목시켜 표현해야 한다.

인물을 표현할 때 어려운 점은 우선 접근 방법이다. 시작 지점이 불분명하기 때문에 움직임으로만 인물을 표현했었는데, 이제는 그 인물의 '특징'과 인물을 '비유할 수 있는 상징성'을 만들어 보았고 '감정'까지 불어넣을 수 있기 때문에 본 과정이 많은 도움이 될 수 있었을 것이다.

연습단계에서 실행단계까지를 겪는 동안 자신이 가장 힘들었던 부분이 있을 것이다. 그러한 과정에 대해 함께 논의하고 서로 의견을 듣는 경청하는 과정은 매우 중요하다. 응용하기에서 보여 주었던 인물의 캐릭터가 타인의 눈에는 어떻게 보여졌는지, 보여질지 의견을 듣고 자신의 생각과 공유하는 시간이다. 이 과정에서는 자신이 볼 수 없었던 부분이 발견되거나 내가 풀리지 않던 동작들이 또 다른 방법에 의해 풀릴 수 있다. 재미있는 응용 움직임들이 나왔거나 타인의 응용 움직임이 도움이 되는 경우가 있다. 그러나 자신의 의지가 무너져서는 안 된다.

인물을 동물과 매칭시키는 것도 힘든데, 식물을 선택하는 것은 이해할 수 없었다는 의견도 많았다. 더욱이 우산, 와인 잔, 손수건 등은 그들이 좋아하는 물건이라면 모를까 도무지 연결하기 힘들어 했다. 그러나 그들의 캐릭터를 분석하고 그 분석에서 얻어낸 나만의 특징을 그 무엇과도 연결하여 생각해 본다면 자신만의 색깔이 떠오를 수도 있으며 단어 하나가 생각날 수도 있다. 가상 비슷하게 여겨지는 것, 또 움직임으로 이미지화시킬 수 있는지를 고려하여 선택하고, 이 또한 자기만의 의도대로 유도해낼 수 있으면, 그것이 바로 성공이라 할 수 있다.

햄릿을 말(hors)로 매칭시키고 오필리어를 새끼 원숭이처럼 상징화시킨 이유는 분명하다. 말은 늘 달리고 싶은 욕망을 지니고 있지만 묶여 있어야 하고 답답함을 표출하기 위해 머리를 흔들고 소리를 내기도 한다. 욕망의 분출이다. 그런 점에서 햄릿이 답답해 하고 갈등하며 복수의 욕망을 분출하려는 외침과도 같다. 새끼 원숭이는 약하게 보이지만 즉흥적인 행동을 보이기도 하고 누군가에게 의지하며 나무에 매달려서 떨어지지 않으려 한다. 이런 모습을 오필리어에 매칭시켰다.

무엇보다 움직임으로의 전환이 중요하기 때문에 말과 원숭이의 선택은 매우 적절하다. 선인장의 뾰족함과 햄릿의 돌발적인 성격, 피, 죽음 등을 암시하는 레드와인, 아버지의 망령, 무덤을 암시하는 검은 우산 등은 햄릿을 표현해주는 데 도움을 주는 요소이다. 오필리어를 떠올리면 흰색이 연상되고 가냘픔과 눈물 등을 상상하다가 코스모스, 흰 손수건, 흰 양산 등을 떠올리게 된다.

앞서 활용한 과정들을 경험했지만 자신이 이끌어가는 방법과 집중력이 더 중요하다. '무엇으로 연계를~'보다는 '어떻게 연계를~'이 더 중요하다. 또한 이러한 매칭은 결과적으로 마지막 표현하기까지 도달했을 때 한 번도 사용되지 않을 수도 있다. 표현을 위한 연습과정에서 이미지를 불어넣고 캐릭터를 구축하는 데 집중하기 위함이지 절대로 꼭 활용되어야 하는 것은 아니라는 사실을 명심할 필요가 있다.

상징적 움직임을 만드는 과정에서 드러난 문제점은 무용수들에게 쉬운 일이 아니다.

 무용수들이 움직임을 만들어 간다는 것은 기존에 알고 있던 동작이나 본인이 잘하는 동작에서 접근하는 경우가 대부분이다. 상징적인 동작을 만들어 반복한다는 의미를 이해하지 못할 수 있다. 그러나 상징적 움직임 만들기 과정을 통해 그 의미와 필요성 그리고 방법을 이해할 수 있었을 것이다.

 상징적 움직임의 필요성은, 자신의 캐릭터를 구체화시키기 위함이다. 인물을 대사 없이 움직임만으로 구체화시킨다는 것은 쉽지 않다는 사실을 우리는 경험했다. 그렇기 때문에 우리가 표현하기 쉽고 관객이 알 수 있는 또 다른 것 중에 하나를 선택하여(본 과정에서는 동물의 이미지) 상징화한다면 그 특징을 통해 무언가를 찾아낼 수 있다. 막연함 속에서 상상력을 발휘하여 모티브를 만들어 내는 것이다. 결국 동물적 이미지를 통해 인물의 성격, 상황들을 표현하는 것이다.

 또한, 자신이 움직임을 만들어 나가는 중심과 균형감각을 만들기 위함이다. 인물을 정해 놓고 움직임은 따로 만들고 아무런 개연성 없이 동작이 연결되는 것을 방지하기 위해서다. 동물을 정하고 그 움직임을 집중적으로 응용해 나가다 보면 움직임에 지속성이 생겨나면서 표현에 의도가 담기면서 인물과 관계를 지을 수 있게 된다. 다양한 동작들을 나열하다 보면 결국 관객은 동작 보기에 그치게 된다. 의미를 찾을 수 없고 인물에 대한 관심도 사라지게 된다.

 춤을 추고 있는 자신도, '내가 무엇을 표현하는지'에 대한 목표와 의미가 뚜렷하다면, 그로 인해 춤 동작은 깊이 있는 표현이 될 것이다. 편한 마음으로 춤을 출 수 있을 것이다.

상징적 움직임들은 반드시 반복되어야 한다는 사실을 잊지 말아야 한다. 노래에도 후렴구가 있고, 론도 형식에서도 지속적으로 반복되는 부분이 있듯이, 무용에서도 동작구를 통한 반복으로 주제나 특징을 강조할 수 있어야 한다. 다양한 동작들로 화려하게 만든 움직임일수록 인물을 표현하고 주제를 표현하는 데 어려움이 따른다는 것을 경험으로 느꼈을 것이다.

응용하기를 마치고나면...

응용하기를 마치고 나면 내가 분석한 인물 이미지와 어울리는 동물, 식물, 물체 등이 결정되어 그 움직임이나 느낌을 흉내내보고 응용하여 자신만의 상징 동작들까지 만들어져 있어야 한다.

주의점 1. 응용하는 과정에서 사진에 너무 제한받지 말고 특징을 바탕으로 자유롭게 움직여 본다. 사진의 모습은 하나의 예로 생각하라.

주의점 2. 상징동작은 단발적 동작보다는 하나의 프레이즈로 만들어 놓는다.

3

즉흥하기

즉흥단계는 자신의 내면을 끄집어내기 위한 표현방법으로, 어떠한 제시나 규칙을 만들지 않은 상태에서 자유롭게 진행되어야 한다. 이 단계에서는 자신의 숨겨진 끼를 발견하고 자신도 모르는 사이에 반복하고 있는 동작들이 만들어진다. 그 반복 동작들은 현재 최소한도로 주어진 제시나 상황들을 염두에 두고 만들어낸 동작들이기 때문에 주제 동작으로 픽스시켜야 한다. 즉흥에도 여러 방법이 있다. Grand Union이 분류한 Open Improvisation, Structure Improvisation, Contact Improvisation, 그리고 스타니슬랍스키의 Etude 훈련법이 있다.

Open Improvisation은 순간적인 체험으로 이루어지는 생동감 있고 본능적이며, 자유롭고 직관적인 선택의 무용형태이다. 미리 구성하지 않으므로 정형화되지 않은 무정형 특성을 가진 공연 방식이다. 장점은 실험성, 자율성, 충동성이라는 것이고, 단점은 부자연스러운 동작의 고의성, 상투적인 표현, 연속성의 결여, 우연성의 논리에 어긋난다는 점이다. 이러한 단점은 즉흥훈련을 반복하다 보면 감소될 수 있다. 하지만 상투적인 표현의 경우 의미와 의도가 고려되지 않은 채 무용수가 평소에 해 오던 동작을 사용하게 되는 경우가 발생한다. 이런 측면에서 보면 즉흥적인 내적 반응에 의해 유도된 동작이 아니라는 한계가 발생한다. 또한 연속성의 결여라는 단점은 어떠한 목표나 구성이 즉흥 동작을 하는 동안 생겨날 수 있으면 다행이지만 open improvisation의 특성상 자연스럽고 타당한 규칙 하에 이루어지는 조화로운 연결이 이루어지기는 어려운 점이 있다. 그러므로 Open Improvisation만으로는 캐릭터를 구축하기에는 어려움이 있다(홍선미, 2008).

Structure Improvisation은 무용수들에게 구체적인 규칙과 제한이 부여되는 구성적 방법이다. 동작의 소재는 사전 계획될 수 있으며 무용수는 공간과 시간요인을 자발적으로 선택한다(안병순, 2000). 일정한 규칙대로 움직이고 일정한 법칙과 구성이 존재한다.

Contact Improvisation은 움직임이 상호협조 체계 내에서 즉흥적으로 공연하는 형태이다. 무용수와 파트너, 무용수와의 접촉에서 움직임을 발생시키는 수단이다. 타인과 자신과의 결합, 무용수들의 신뢰를 위한 자유로운 신체의 언어로 이루어진다.

스타니슬랍스키의 Etude는 즉흥성과 정확히 잘 짜여진 극 구성을 토대로 배우들에게 훈련시켰던 방법이다. 제시된 상황과 인물의 목표, 사건의 결말 등이 구체적으로 잘 짜여진 극 구성 안에서의 본질적인 본성을 끌어내는 배우의 즉흥이다(Stanislavsky,1954).

즉흥과정을 마치고 나면 자신이 어떤 캐릭터를 설정하여 인물 표현을 진행해야 되는지 구체화된다. 햄릿의 특징과 말의 특징이 조화로운 움직임으로 만들어져 자연스럽게 신체에 흡수된 다음, 상황에 따른 감정을 처음부터 인지하고 시작하여 끝나는 순간까지 지속성을 가지며 각각의 단계를 끌고 가야 한다.

이러한 즉흥법을 활용하여 본 단계를 실행해 나간다.

상징성과 인물에 대한 즉흥적 움직임 → 관계성에 의한 즉흥적 움직임 → 평가하기

1) 상징성과 인물에 대한 즉흥적 움직임

상황에 맞는 단어를 생각하고 자신이 만들어 놓은 상징적 동작을 활용하여 움직여 본다.

단발적인 상징동작들을 자연스럽게 연결시켜 나가는 연습이다. 이 과정에서는 연속성의 결여라는 문제점이 발생하며 많은 시행착오를 겪는 단계이다. 이 단계는 사실적인 동작에 의해서 상징적인 움직임으로 발전시켜 나가는 과정이기도 하다. 각 단어별로 3~5회 즉흥을 반복한다. 반복할 때마다 똑같은 움직임이나 감정의 증폭이 다르지만 자신이 의도하지 않아도 3~5회를 반복하는 동안 같은 동작이 만들어진다. 그 동작들은 감정과 자신의 캐릭터가 일치하면서 이미 완성된 움직임들이다.

지금부터는 한 인물을 다양하게 표현해 나가며 움직임을 찾아나간다. 늘 같은 파트너가 아닌 즉흥적으로 만난 파트너와 상대가 되어 다음의 단어들을 풀어나간다.

제시 - 상징적 동물움직임을 연속적인 즉흥 안에서 반복.

- 두 사람이 동시에 해본다.

(1) 불안, 초조

새로운 동작을 만들기보다는 이미 만들어진 상징적인 동물의 움직임들을 활용하여 불안, 초조의 감정을 불어넣는다. 사실적인 동작에 의해서 상징적인 움직임으로 발전시켜 나간다. 단발적인 사실적인 불안이나 초조의 움직임이 아닌, 조금은 많은 움직임을 펼치며 그 움직임 속에서 서서히 불안, 초조의 정서가 느껴지도록 만들어 가는 과정이다. 그러나 잘못 이해해서 동작을 많이 나열해야 한다고 생각하면 잘못이다. 앞 단계에서 설정한 캐릭터 이미지를 잘 고려하여 움직임의 응용, 증폭, 반복을 적절하게 해나가야 한다. 고정관념을 깨고 자유롭게 움직임을 만들어 나간다.

제시 - 움직임의 횟수를 변형시켜 본다.

- 템포, 높낮이, 이동 등을 자유롭게해 본다.

ex: 오필리어의 불안, 초조(새끼 원숭이)

방법 배우 움직임과 무용수의 움직임 즉흥하기를 통해 비교해 본다.

사실적인 움직임과 추상적, 상징적 움직임을 인지한다.

-배우의 움직임 즉흥하기-

-무용수의 움직임 즉흥하기-

-무용수의 움직임 즉흥하기-

이 사진은 배우가 표현한 불안, 초조의 움직임이다. 마치 줄 위에서 떨어질까 불안 해하는 모습처럼 매우 사실적이다. 그러나 다음 사진은 무용수가 표현한 불안, 초조의 움직임이다. 한 다리로 밸런스를 잡는 것도 불안의 설정이며 커튼에 의지하고 있는 점도 마찬가지이다. 두 사람의 표정이 정서를 표출하는 데 도움이 되고 있다. 사실적 행위를 상징성과 무용의 기능을 가미하여 표현해 낼 수 있도록 즉흥하기에서 자유롭게 시도해 본다.

방법 배우 움직임과 무용수의 움직임 즉흥하기를 통해 비교해 본다.

사실적인 움직임과 추상적, 상징적 움직임을 인지한다.

-배우의 움직임 즉흥하기-　　　　　　　　　-무용수의 움직임 즉흥하기-

배우의 움직임과 무용수의 움직임은 햄릿이라는 남자 캐릭터를 표현할 때도 마찬가지이다. 첫 번째 사진은 사실적이며, 두 번째 사진은 무용수의 기능과 말 발의 상징성, 거꾸로 서 있는 모습에서 주는 불안함 등이 매우 잘 표현되어졌다. 세 번째 사진 또한 한쪽 발을 들고 있는 불안함과 말 발의 상징성, 고개를 뒤로 젖히고 손을 얼굴에 올려 놓은 상태는 뭔가 수심에 가득 차 있고 초조한 감정을 감추려는 느낌을 준다. 사실적인 감정을 상징화하여 잘 표현된 움직임이다.

방법 ① 서로를 의식할 때 : Contact Improvisation이 이루어진다.

의식하며 접촉하면서 어려운 점에 대해 체크한다.

상대방과의 신체의 이해와 소통이 이루어지는지 체크한다.

-배우의 즉흥적 움직임-

배우들의 모습은 매우 과장돼 있다. 움직임의 확장보다는 감정이 앞서기 때문이다. 무용수들은 움직임이 우선이 되어 감정이 배제되는 경우가 많다. 어떤 것이 맞다 틀리다가 아닌 움직임과 감정이 함께 표현되어야 한다. 물론, 그 정도를 조절하고 상황에 따라 움직임이 또는 감정이 리드해야 함을 전제로 삼아야 한다. 배우들이 힘겹게 불안 초조를 표현하고 있는 반면에 무용수들은 가볍게 표현하고 있다. 그러다 보니 무용수들의 정서가 약해 보인다. 이러한 변화는 무용수와 배우가 함께 훈련하면서 시너지를 받게 된다.

방법 ② 서로를 의식하지 않을 때(같은 공간)

의식하지 않으며 움직일때 어려운 점에 대해 체크한다.

-배우의 움직임 즉흥하기-

　　　　　　　　　움직임 표현법 1　인물 표현을 위한 연습단계

-무용수의 움직임 즉흥하기-

　같은 공간에서 무용수와 배우의 움직임은 매우 구별된다. 앞 사진의 경우는 배우들의 불안 초조가 그래로 보여지는 반면에 위의 무용수들은 움직임에 치중했음을 알 수 있다. 동물적 움직임을 살리는 데 치중한 것이다. 정서가 불어 넣어져야 한다.

(2) 분노

 새로운 동작을 만들기보다는 이미 만들어진 상징적 동작들을 활용하여 분노의 감정을 불어넣는다. 여기에서 주의할 점은 분노 표출 방법을 사실적으로만 표현하지 않는다는 것이다. 사실적인 동작에 의해 상징적인 동작으로 발전시켜 나가며 분노의 느낌을 살려준다.

> **제시** – 소리를 넣어본다. (의성어, 고함, 음향적으로 삽입할 수 있는 소리)
>
>   – 대사를 넣어본다. (왜 그래?/ 무슨 짓을 하는 거야?/ 미쳤어?)
>
>   – 자신의 상징적 동작만을 반복한다.

ex: 오필리어의 분노(미친 말의 모습을 보고 새끼 원숭이의 분노)

방법 ① 소리를 내며 상징적 동작을 한다.

"아악~~~" 하고 고함을 치며

"끼잉~~끼잉~~~" 새끼 원숭이 소리내며

-배우의 움직임 즉흥하기-

"햄릿"~~~을 외치며

소리를 넣어서 움직임을 해보니 훨씬 움직임이 강조되어 보이고, 본인들의 감정에 의해서 움직이고 있음이 확실하게 보인다. 배우들은 소리를 지르면서 움직임에 들어가며 무용수들은 움직임을 시작하면서 대사를 한다. 재미있는 특징이다. 무용수의 소리와 대사는 어색함을 주며 발성이 되어 있지 않고 스스로 부끄러워서 소리나 대사를 힘들어 한다. 그래서 대사에 익숙한 배우들에 비해 주저하는 경향이 강하다. 또한 배우들에게는 수시로 캐릭터를 인지시키지 않아도 본인들이 지속적으로 구축해 나가지만, 무용수들은 텍스트나 인물분석 등이 습관화되어 있지 않아서 수시로 인지시켜 주어야만 한다. 무용수 자신들은 이 과정이 끝나기 전까지 햄릿과 오필리어가 되어 생활해야 한다. 원숭이, 말 등과 함께.

방법 ② 미친 햄릿을 보며 "햄릿 왜 그래? 당신 미쳤어?"를 외치며 상징적 동작을 한다.

각자 하고 싶은 대사를 하며 움직여 본다.

　무용수들의 연기력이 점점 좋아지고 있다. 사진은 미친 햄릿을 보며 오필리어의 분노를 표현하는 모습이다. 오필리어의 감정과 움직임이 점점 확장되고 있으며 무용적 기능을 잘 살리면서 감정을 분출시키고 있다. 햄릿의 말의 상징성과 표정은 미친 모습을 표현하기 위해 과장되어 있다. 연기자들과 함께 연습하다 보니 감정의 지속성에 대한 시너지 효과를 얻는다. 움직임을 다양하게 시도하면서 변화되는데, 이러한 모습을 보는 동료들이나 지도자에게서 조언을

받는다. 또한 동료나 지도자들에게서 자신에게 가장 잘 어울리는 움직임과 호흡이 잘 맞는 파트너의 움직임에 대한 조언을 받는다.

만들어진 움직임을 느낌을 달리하여 연속해서 해본다.

  원숭이, 코스모스, 흰 손수건 등의 상징적 움직임을 자연스럽게 연결하여
하나의 프레이즈로 만들어서 반복해 나간다. 이 시점에서 가장 중요한 포인트
는 '반복'이다. 반복을 해나가다 보면 약간의 변화가 생기고 자신만의 호흡 사
용과 템포가 생겨난다. 이러한 현상은 매우 바람직한 변화이다. 해나가는 동
안 변화를 받아들임은 중요하다. 반복에 의해 주제 동작이 구축되는 것이다.

ex: 햄릿의 분노(미친 원숭이의 모습을 보고 말이 분노함)

방법 ① 소리를 내며 상징적 동작을 한다.

  햄릿의 움직임은 정확하며 감정은 살짝 배제된 듯하다. 말의 상징을 유지하고 있으며 발가락을 벌려 선인장의 느낌을 주고 싶었다고 한다. 이중성이 많이 느껴지는 움직임들이다. 말과 인간의 이중성, 햄릿과 무용수의 이중성, 동적임과 정적임의 이중성이 부각되는 과정이다. 무용수 신체의 아름다움이 이러한 이중적인 표현에서 매력으로 나타난다.

방법 ②
 "오필리어 왜 그래? 당신 미쳤어?"를 외치며 상징적 동작을 한다.

자신들이 움직임을 하다가 저절로 하고 싶은 대사가 있으면

주저하지 말고 시도해 본다.

상대에게 원하는 움직임이나 대사를 주문해 본다.

상대의 시선을 여러 방향으로 제시해 본다.

                                                    움직임 표현법 1 인물 표현을 위한 연습단계

　　두 사람이 접촉 즉흥을 해야 할 경우, 본인들의 목표를 정확하게 인지해야 하며 누구에 의해서 리드를 하고 리드 받을 것인가가 명확해야 한다. 그래야만 다치지 않으며 움직임이 어색하지 않다. 첫 번째 사진을 보면 오필리어가 순간적으로 기대는데 햄릿이 받아주지 않았다면 쓰러지거나 다른 엇갈린 동작으로 어색해졌을 것이다. 상대방의 신체를 이해하고 의도를 즉흥하기를 통해 읽어낼 수 있어야 한다. 접촉이 움직임을 유도해 내기 때문이다. 접촉해 나가는 순간 의도를 파악하고 상대방을 배려해야 한다. 두 번째 사진은 훨씬 감정이 증폭되어 말의 다리가 수직으로 쭉 뻗어 올라갔고, 고개를 뒤로 젖히면서 강하게 분노의 감정이 어필되었다.

방법 ③ 상징적 동작만을 반복한다.

같은 움직임을 다양하게 변형하여 반복한다.

아직까지는 말 움직임에서 되도록 벗어나지 않는다.

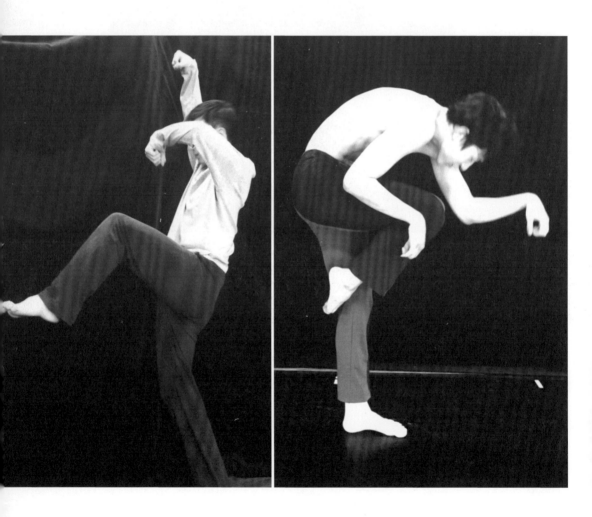

　남자무용수에게 어울리는 말의 특징을 잘 살리고 있다. 상체의 유연함을 통해 뒤로 아래로 팔 다리의 긴 선을 활용하여 말의 앞다리 느낌을 자유롭게 표현해 나간다. 감정의 명확성을 지니고 움직임을 반복해 나가면서 프레이즈 구축을 한다. 이 시점에서 가장 중요한 point는 반복이다. 반복을 해나가다 보면 약간의 변화가 생기며 자신만의 호흡 사용과 템포가 생겨난다. 이러한 현상은 매우 바람직한 변화이다. 반복에 의해서 주제 동작이 구축되는 것이다.

방법 ① 소리를 내며 일방적으로 공격하듯이 상대에게 표출해 본다.

배우의 소리와 무용수의 소리를 따로 움직임에 활용해 본다.

배우의 소리, 무용수의 소리에 따른 움직임의 변화를 인식한다.

배우의 움직임과 무용수의 움직임의 차이를 비교한다.

-배우의 움직임 즉흥하기-

-무용수의 움직임 즉흥하기-

앞의 두 사진은 배우들의 움직임이다. 역시 사실적인 움직임으로 공격자와 당하는 자의 관계가 보인다. 한 사람이 더 적극적으로 공격한다. 무용수들의 장면은 방향성이나 힘, 표정에서 대립이 느껴지기는 하나 남자무용수의 공격적 움직임이 좀 더 많이 느껴진다.

공격을 먼저 하는 무용수가 소리를 지르면서 시작한다. 소리 때문에 움직임이 위축되기도 한다. 공격을 당하고 있는 사람의 무게 중심이 뒤로 젖혀져 있거나 바닥에 쓰러져서 피할 수 있다. 그리고 위로 들리기도 한다. 즉흥적으로 일어난 움직임들이기 때문에 중심 이동에 주의해야 다치지 않는다. 이 장면들은 같은 공간에서 서로를 의식하며 분노를 표출하는 모습인데 분노를 상대방에게 공격하듯 접촉하며 표현한다. 상대가 바뀔 때마다 자신의 움직임에도 변화가 생기며 리드 당하기도 하고 리드하기도 한다. 다양한 접촉에 의해 분노를 표현할 수 있을 것이다. 그런데 이 정도의 움직임이 진행되고 나면 자신의 상징성을 잊고 동작에 빠지기 쉽다. 위 사진의 무용수들도 대부분 그렇다. 햄릿과 오필리어의 상징동물인 말, 원숭이, 선인장, 코스모스, 레드와인, 흰 손수건, 검정 우산, 흰 양산의 이미지 중에서 지금 이 순간에 가장 필요한 상징성을 삽입시켜 본다.

방법 ② 서로 동시에 표출해 본다.

접촉하며 또는 접촉 없이

움직여 본다.

남자배우가 분노한 나머지 여자무용수를 들어 올렸다. 여자무용수는 갑자기 들려 당황스러웠지만 다음 사진을 보면 알 수 있듯이 위에서 분노하고 있다. 내려올 수도 없는 상태에서 위에서 두 손을 들어 올리고 머리를 젖혀 분노를 나타낸다. 여기서 들고 있는 남자무용수는 위에서 분노를 표현하니까 덤덤하게 걷는다. 들어 올리고 있는 그 자체의 동작으로 상반된 느낌을 갖고 분노의 분출을 묵묵히 걷는 것으로 표현한다. 그런데 여자무용수는 앞모습이며 남자무용수는 뒷모습인데, 이 대조적인 모습이 마치 한몸처럼 느껴지기도 한다. 방향을 틀어서 남자무용수가 앞모습으로 보이면 이중성을 느끼게 할 것이다. 그것을 목표로 삼지 않아서 방향을 바꾸지 않았다. 그러나 한몸처럼 만들어 두 사람의 분노를 표현할 수 있다는 것은 매력적인 상징이다. 남자무용수의 분노가 표정으로 보여도 재미있을 것이다.

같은 공간에서 햄릿은 오필리어를 의식하지 않고 자신의 상징동작을 반복하고 있다. 오필리어는 햄릿을 의식하며 자신의 상징동작을 반복한다. 그렇기 때문에 상황이 쉽게 만들어지지 않는다. 접촉이 있는 상태이면서 일방적인 관심이기 때문이다. 증폭되는 다음의 움직임들이 기대된다.

각자의 소리를 내면서 표현할 때 상대의 소리가

어떤 영향을 주는지 인식한다.

직접적인 대사를 스스로 외칠 때의 어려움을 체크한다.

　대사와 소리를 내며 움직임을 하니까 몸의 에너지와 감정이 증폭되는 것을
느낀다. 반면 움직임 역시 대사에 따라 사실적 움직임을 취하게 되면서 감정에
충실하게 된다. 그러므로 움직임을 만드는 과정에서 무용수들에게는 이러한
대사나 소리를 활용할 필요성을 느낀다. 움직임 위주의 작품을 만드는 과정에
서 이러한 대사, 소리에 의해 감정이 만들어지고 표현이 정확해지기 때문이다.
동물적 움직임이 좀 더 발전하여 확장된 무용적 동작에다 감정이 더해지면 표
현의 효과가 극대화될 것이다.

(3) 죽음과 슬픔

새로운 동작을 만들기보다는 이미 만들어진 상징적 동작들을 활용하여 죽음과 슬픔의 감정을 불어넣는다. 사실적인 동작에 의해서 상징적인 동물동작으로 발전시켜 나가며 죽음과 슬픔의 느낌을 살려준다. 우선, 죽음을 어떤 방법으로 표현할 것인지를 정해야 한다. 본인들이 만들어 놓은 상징적 동물 동작들과 소품, 죽음과 슬픔이라는 상황들이 설정되어 있기 때문에, Structure Improvisation과 Etude의 방법을 적용한다. 여기서는 분명히 감정이 들어가야 한다. 죽음이라는 동기와 그에 따른 슬픔이 정확하게 표현되어야 한다. 자유롭게 표현해 본다.

제시 -앞에서 사용한 오브제를 활용한다.

-죽음을 표현할 수 있는 방법을 생각한다.

-슬픔을 사실적으로만 표현하지 말고 동작화한다.

ex: 오필리어 아버지의 죽음과 슬픔

방법 ① 흰 손수건, 흰 양산, 검은 우산, 레드와인을 활용한 상징적 표현

흰 손수건으로 와인 병을 목 조르듯이 묶는다.

↓

묶인 병은 쓰러진다.

↓

검은 대형 우산으로 와인 병을 덮는다.

↓

오필이어가 흰 양산을 쓰고 나온다.

↓

흰 양산은 바닥에 떨어진다.

↓

오필리어는 검정 우산(무덤)을 발견한다.

↓

오필리어는 말의 다리(햄릿)를 보았다.

-와인 병에 흰 천을 묶어서 목을 조르듯 죽음을 설정한다.　　　　-묶여진 병은 쓰러진다.-

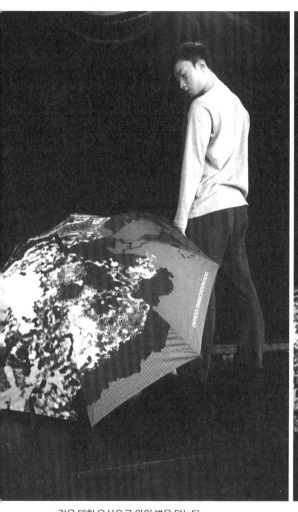

-검은 대형 우산으로 와인 병을 덮는다.-

-오필이어가 흰 양산을 쓰고 나온다.-

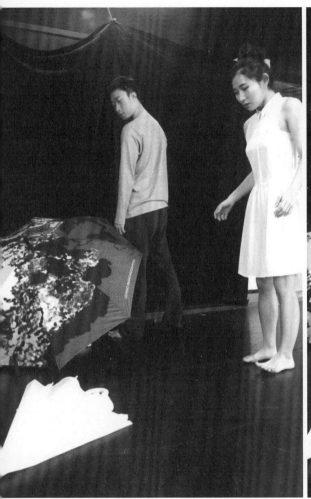

-흰 양산은 바닥에 떨어진다.-

-오필리어는 검정 우산(무덤)을 발견한다.-

-검은 우산은 아버지의 무덤, 던져진 흰 양산은 오필리어의 죽음 암시-

    오브제의 상징성과 의미의 함축에 집중되어 있다. 이러한 표현을 움직임으로 전환시켰을 때 어려움과 보람이 교차된다. 심미안을 준다.

방법 ② 방법 ①의 상징성을 인물들이 표현하는데 똑같이 표현하기보다는 상황을 인

지하고 동료를 오브제로 활용하여 표현해 본다.

아버지의 죽음에 대한 슬픔을 표현하는

오필리어의 자유로운 움직임을 시도해 본다.

움직임으로의 확장을 시도한다.

움직임 표현법 1 인물 표현을 위한 연습단계

　흰 양산을 거꾸로 들고 서 있는 한 인물은 오필리어의 슬픔과 오필리어가 정상적이지 않음을 상징적으로 표현하기 위해 등장했다. 뒷모습으로 서 있는 모습과 앞모습으로 움직이는 오필리어의 모습과 대조적이다. 앞뒤의 인물의 크기와 동적으로 움직이는 모습과 정적으로 움직이는 모습, 옷의 색깔 등이 강조된다. 거꾸로 된 흰 양산이 앞으로의 상황을 암시해 준다.

　배우와 무용수가 함께 어울려 즉흥 움직임을 하는 장면이다. 돌아가신 아버지의 몸을 접촉하며 오필리어의 연기와 움직임이 이루어진다. 동료들이 함께 보아 주며 애드립도 넣어 주고 피드백을 한다. 배우와 무용수가 함께 즉흥을 하면 무용수들이 감정을 끌어내는 데 도움이 된다. 이때 배우들은 움직임으로 무용수에게 맡기고 대부분 지탱해 주며 받아 주는 역할자가 되어간다. 그래서 움직임 즉흥이 지속적으로 이어지지 못하는 단점도 있다. 그러나 배우와의 즉흥은 무용수를 끝까지 지탱해 주기 때문에 큰 도움이 된다.

이 장면 역시 무용수와 배우가 동시에 즉흥을 한다. 배우가 리드했으며 두 명의 무용수를 제3의 인물로 활용하였다. 그러다 보니 움직임보다는 새로운 에피소드가 생겨나고 드라마가 구체화되는 데 집중하게 된다. 일장일단이 있다. 그러나 함께 연습하는 과정이 많아지면 자연스럽게 절충되고 서로에게 필요한 부분을 흡수할 수 있다.

ex: 오필리어의 죽음

방법 ① 흰 손수건, 흰 양산, 레드와인 활용

오필리어는 흰 양산을 쓰고 걷는다.

↓

흰 양산을 떨어뜨린 후 쓰러진다.

↓

햄릿이 등장하여 흰 양산을 들고 와인을 양산 속으로 붓는다.

↓

흰 양산을 오필리어 옆에 내려 놓고 쳐다본다.

↓

검은 우산이 주위를 배회한다(아버지의 망령인 듯).

-오필리어는 흰 양산을 쓰고 걷는다.-

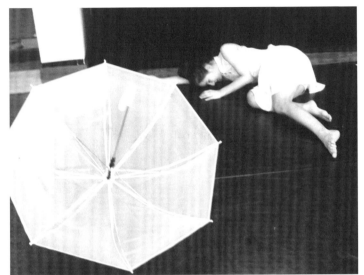

-흰 양산을 떨어뜨린 후 쓰러진다.-

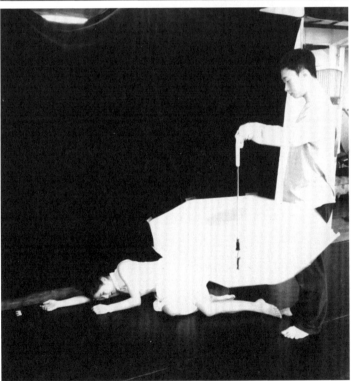

-햄릿이 등장하여 떨어진 양산을 든다.-

−햄릿이 등장하여 흰 양산을 들고 와인을 양산 속으로 붓는다.−

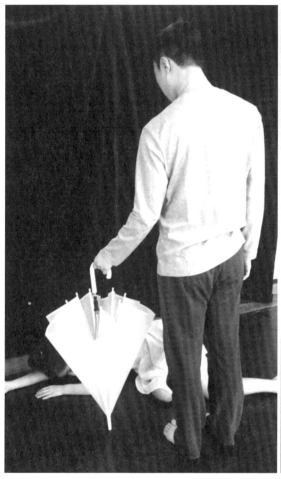

-오필리어 옆에 흰 양산을 내려놓고 쳐다본다.　　　　-검은 우산이 주의를 배회한다(아버지의 망령인 듯).

　　모든 것은 움직임보다는 오브제에 의한 상징적인 표현을 하였다. 마지막에 등장한 검정 우산의 제삼자는 아버지의 망령으로 설정한다. 무덤으로 사용한 검정 우산을 쓰고 배회한다는 것은 오필리어의 죽음을 슬퍼하는 망령으로 설정할 수 있다. 상징성에 의한 표현을 먼저 실행 해보고 움직임으로 만들어 가는 연습도 또다른 재미를 준다. 이는 구성을 하는 데 있어서도 쉽게 접근하게 해준다.

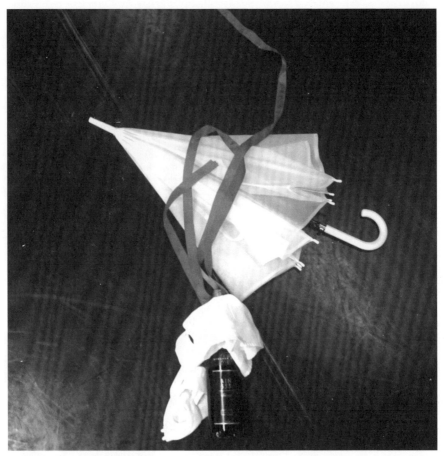

-아버지의 죽음, 오필리어의 죽음-

작품 안에서 모든 것을 구구절절이 설명하기보다는 함축하고 비유해서 완전한 상징성을 부각시킬 때 위 사진들의 방법을 활용한다. 이 방법을 움직임과 적절하게 접목시켜 나가면 몸에서 주는 신비로움과 심미안에 의해 모든 것을 설명해 주는 사실적인 표현보다 상상력을 유발하게 하여 재미를 준다. 요즘은 연극에서도 대사를 줄이고 움직임으로 표현하는 경우, 오브제의 상징화 등을 활용해 나가고 있다.

방법 ② 방법 ①의 상징성을 인물이 표현하는데, 똑같이 표현하기보다는 상황을 인지하고 두 사람 또는 세 사람이 표현해 본다.

오필리어의 죽음을 반대로 표현했다. 모두 쓰러지게 한 후 오필리어는 생명력이 있는 듯 표현했다. 역발상적인 표현으로 재미있는 아이디어이다. 그런데 누워 있는 사람의 빨간 옷이 죽음의 피를 암시하는 것 같아서 더욱 재미있다. 이렇게 자유로운 표현을 해나가기 위해서라도 즉흥은 필수적이다. 잠시 후 반대로 오필리어가 쓰러지고 모두들 동적인 움직임을 하면 전환이라는 의미가 부여되며 색다른 재미가 생겨난다. '예술의 끝은 보이지 않는다.'라는 문장이 떠오른다.

　배우의 즉흥은 마지막에 죽은 오필리어를 안고 걸어나간다. 매우 사실적이다. 그러나 무용수들의 움직임과 배우의 연기가 자연스럽게 오버랩되면서 감동은 두 배로 증폭된다.

2) 관계성과 즉흥적 움직임

　상대방과의 관계를 표현하고 그 상황을 표현할 때 Contact Improvisation 연습에 의해 동작이 만들어지고 우연성에 의한 반동이나 무게중심 이동, 힘 조절 등의 효과를 얻는 것이 중요하다. 연결을 지나치게 동물 움직임에 묶여버리면 상징성의 의미가 사라지고 단순히 동물 움직임을 따라하기가 되므로 적절한 조합이 필요하다. 느낌의 전달이 중요하다.

제시 – 서로 접촉 없이 즉흥해 본다.

　　– 접촉하며 즉흥해 본다.

　　– 한 사람은 낮게, 한 사람은 높게, 빠르게, 느리게 등을 설정한 후 움직여 본다.

방법 ① 마주보고 각자의 상징적 동물의 움직임에다 사랑이라는 감정을 넣어서 접촉 없이 움직여 본다.

배우들의 움직임을 주시하고 느낌을 인지한다.

-배우의 움직임 즉흥하기-

배우들의 동물적 움직임을 강조하여 접촉 없는 사랑의 표현을 움직임으로 해나가고 있다. 표정과 몸의 집중에서 사랑의 감정이 느껴진다.

-무용수의 움직임 즉흥하기-

　접촉 없는 무용수들의 사랑 장면이다. 대립구조를 띠면서도 사랑의 장면으로 느끼게 해준다. 정확한 동물적 움직임과 서로를 집착하며 바라보는 눈빛이 강하여 열정적인 사랑의 느낌을 주기 때문이다. 방향성과 몸의 집중력, 동물적 상징성, 시선 등의 집요함이 표현을 극대화시켜 준다. 배우들의 움직임과 무용수의 움직임은 신체상 에너지의 차이를 느끼게 해준다.

방법② 접촉 없이 하던 방법 ① 움직임들을 접촉하며 연기와 움직임을 한다.

접촉 없이 사랑을 표현할 때와 접촉하며 사랑을 표현할 때의 변화를 인지하며, 장·

단점을 체크한다.

접촉에 의한 사랑의 표현은 무용 동작으로 흔하게 표현되는 동작들이 있지만, 구태의연하지 않게 상징성을 가미하여 두 사람이 만들어 가고 있다. 작은 접촉에서 큰 움직임으로의 확장까지 다양하게 만들어 나갈 수 있다.

방법 ② 템포 변화, 힘의 강약, 높낮이에 대한 설정 후 움직여본다.

이 과정의 즉흥은 대부분 구조적 즉흥(Structural improvisation)과 접촉 즉흥(Contact improvisation)이 혼합된다. 그래서 실패율이 높지는 않다. 그래서 자신의 초 목표와 상황, 진행 상태 등을 인지하고 즉흥에 임하면 템포나 힘의 강약 등을 적절하게 조절해 나갈 수 있을 것이다. 한 사람이 리드해 나가면서 서로가 원하는 것을 잘 캐치하고 서로의 신체에 대한 이해에 따라 충분한 변화가 가능하다.

접촉 즉흥은 두 사람의 호흡이 중요하다. 접촉 즉흥은 서로의 믿음에 의해 만들어진다고 해도 과언이 아니다. 특히 배우들은 몸의 사용에 있어서 상대가 원하는 움직임에 대한 파악이 쉽지 않아서 "나 때문에 다칠까봐 걱정이다."라는 의견을 표시한다. 그러므로 배우들과의 즉흥에서는 좀 더 중심이동 따위에 신경 써야 한다.

템포의 변화와 힘의 크기, 움직임의 높낮이에 따라 느낌이 다름을 알 수 있다.

방법 ① 각자의 상징적 동물 움직임들을 사랑이라는 감정과 원망의 감정이 뒤엉킨 움직임을 접촉 없이 해본다.

최소로 주문해야 하는 부분을 미리 대화한다.

접촉 없이 움직일 때 감정 변화에 대해 체크한다.

　첫 번째 사진은 엄마가 무관심하듯이 햄릿을 의식하지 않고 움직이며, 두 번째 사진은 같은 공간에서 햄릿은 엄마 거투르드를 의식하지 않고 자신의 상징 동작을 반복하고 있다. 여기에서 엄마는 햄릿을 의식하며 자신의 상징동작을 반복한다. 그렇기 때문에 상황이 쉽게 만들어지지 않는다. 접촉이 없는 상태이고 복수를 하려는 햄릿이 오히려 무관심하듯이 움직인다. 거투르드는 일관성 있게 관심을 보이며 상징적 움직임을 한다. 증폭되는 다음의 움직임들이 기대된다.

방법 ② 접촉 없이 하던 방법 ① 움직임들을 접촉하며 연기와 움직임을 한다.

서로에게 최소의 약속을 한다.

신체의 반응을 느낀다.

엄마, 아들, 암사자, 말의 이미지에 지나치게 묶이지 말고 움직여 본다.

접촉 없을 때와 접촉 있을 때의 감정 변화의 차이점을 체크한다.

접촉이 이루어지기 시작하면서 관계성이 느껴진다. 누가 리드하는 자인지 지금의 감정들이 읽혀지기 시작하자 내용을 생각하게 된다. 햄릿의 상대가 오필리어가 아닌 엄마이기 때문에 햄릿의 움직임과 몸의 감정이 다르며 매우 수동적이다. 보이지 않는 모성애를 자극하고 있는 듯하다. 움직임을 주도하지 않으려 하고 바닥을 활용하려는 의도가 크다. 상대에 따른 움직임의 정서가 달라지므로 움직임의 변화가 분명하게 생기며 매우 바람직한 현상이다. 관계성에 따른 움직임의 변화는 무용수들에게 매우 부족한 부분이다. 이 과정에서 움직임의 변화가 충분히 연습되어야 한다.

방법 ② 템포 변화, 힘의 강약, 높낮이에 대한 설정 후 움직여 본다.

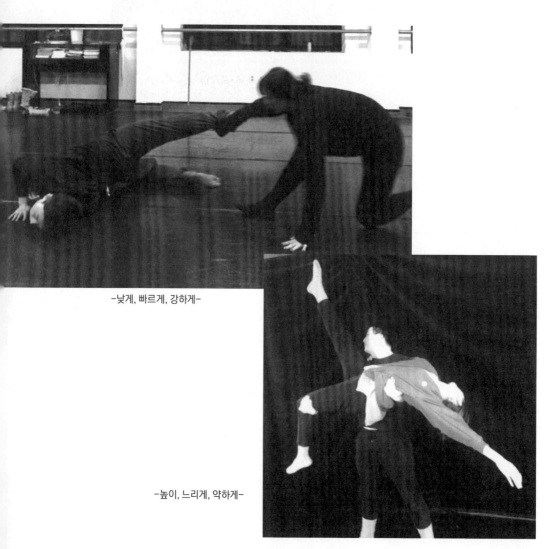

-낮게, 빠르게, 강하게-

-높이, 느리게, 약하게-

지루함이나 진부함을 없애기 위해서는 템포, 힘의 강약, 높낮이의 변화를 적절하게 주면서 움직여야 한다. 또한 공간 활용에서도 어떠한 변화를 주느냐에 따라 자신의 의도가 충분히 전달될 수 있다.

3) 평가하기

자신이 구축해 낸 캐릭터를 움직임으로 만들어 사실적인 부분과 상징적인 표현이 자연스럽게 접목시킨 표현이 되어야 한다. 인물을 표현하는 데 어려운 점은 무엇보다도 접근 방법이다. 시작지점이 불분명하기 때문에 움직임으로만 인물을 표현했다면 이제는 그 인물의 '특징'과 인물을 '비유할 수 있는 또 다른 상징성' 그리고 '감정'까지 불어 넣을 본 과정을 통해 많은 도움을 받을 수 있었을 것이다. 그러나 연습단계에서 실행단계까지를 겪는 동안 자신이 가장 힘들었던 부분이 있을 것이다.

그러한 과정에 대해 논의하고 서로의 의견을 듣는 과정은 매우 중요하다. 즉흥하기에서 보여 준 인물의 캐릭터를 타인의 눈에 어떻게 보이게 될지 의견을 듣고 자신의 생각과 공유하는 시간이다. 이 과정에서는 자신이 볼 수 없었던 부분이 발견되거나 풀리지 않던 동작들이 다른 방법으로 풀기 위해 모색한다. 또한 이 단계는 자신의 숨겨진 끼를 발견하는 의미 있는 과정이므로 다양한 시도가 이루어져야 한다. 그러나 자신의 의지가 무너져서는 안 된다.

즉흥하기 과정이 어려웠던 이유는 무엇이었을까?

　무용수들에게 즉흥은 반드시 필요한 무용형태이다. 그럼에도 불구하고 이 즉흥하기는 두려움과 황당함으로 접근하고 있다. 현재 공연형태가 즉흥으로 이루어지는 경우가 있기도 하다. 또한 안무 방법을 즉흥으로 유도하는 경우도 많아져 부정적인 통념이 덜해졌지만 학생들에게는 역시 꺼려지는 무용형태임에 틀림없다. 그렇다면 다음의 연기자의 역할 접근법 모형을 통해 즉흥의 중요성과 역할을 이해해 보자.

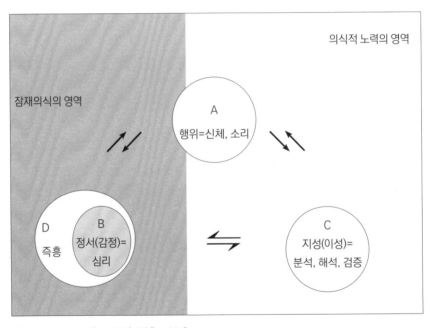

〈그림 3〉 연기자의 역할 접근법(김태훈, 2005)

연극에서 일반적인 배역 창조과정의 연습은 먼저 독회(General reading)를 하고, 오디션과 배역선정을 거친 후 본격적으로 시작된다. 독회시간을 많이 할 애하여 배우들이 완전한 감정 표현이 가능해지면 행동선(Blocking)을 그리게 된다. 상세한 행동선을 추가하고 전체적인 조화를 이루게 되면 최종 연습을 거쳐 공연을 하는 것이다(김대현, 1999). 위의 모형을 보면 C→B→A→C의 순서로 진행되는 것이 일반적 배역창조 진행이다.

무용수의 경우를 대입해 보자. 아마도 A만을 강조하여 춤을 추어 오지는 않았을까? 아직도 학생들은 오직 A만을 해 오고 있는 것처럼 느껴질 때가 많다. 결국 C→A→C 정도는 하고 있을 것으로 생각된다. B라는 정서를 생각하지 못한 채 기능을 연마해 왔다면 선천적인 감성과 끼를 지니고 태어나지 않는 한 무용수들은 표현하는 데 큰 문제가 생긴다. 기계체조에서 '마루운동과 무용과는 무엇이 다를까?'라는 의문에서, 가장 중요한 것은 자신이 무엇을 표현하고 있는지를 모르고 있다는 점이다. 무용이 단순한 육체의 외적 움직임만으로 표현의 완성이라고 생각한다면 잘못된 생각이다. 자신의 기능이 무엇을 말하고 있는지, 어떤 이미지인지를 알고 또 관객이 느끼도록 해야 하는데 그것이 바로 모형에서는 'B'의 필요성을 가리킨다. 그것을 나의 것으로 구체화시키기 위한 방법이 바로 'D 즉흥'이다. 'A'와 'B'를 완성도 있게 표현하려면 어떠한 훈련 방법이 필요한데 그 방법이 바로 즉흥인 것이다.

즉흥하기 과정에서 숨겨진 끼를 발견하고 고정관념이 깨진다는 의견을 나누었듯 즉흥을 통해 내가 몰랐던 나를 발견하게 되며 지도자들은 특히 선입견에서 벗어나게 된다. 스타니슬랍스키는 C→B→A→C만으로 부족하다고 여겼다. "본성, 잠재의식, 본능, 직관에 의해서 서로 복잡하게 연결되어 신체적인 행위를 일으키므로 그것을 유발시킨 내적인 동기, 경험의 개별적인 계기, 제기된 상황에서의 역할의 정서상의 논리와 일관성들을 알게 되는 것"이라고 주장하고, "인식이 이성적인 판단보다 먼저 정서의 단계를 거친다는 것이 중요한 것은 자신의 느낌으로 역할의 심리 어떤 부분을 빨리 인식하기 때문이다."라고 주장했다. 그러므로 신체적 표현 방법의 진행은 C→A→D→B→C로 일반적인 원리와 확연히 다르다(김태훈, 2005).

즉, A영역에서 B영역으로 가기 위해 잠재의식에서는 직접적인 명령을 내릴 수 없기 때문에 어떤 방법, 즉 연기창조에서 본질적인 방법이 필요한 것이다. 그 방법이 바로 '즉흥'이라는 도구이다(홍선미, 2008). 결론적으로 무용수는 몸의 언어를 구사한다. 그렇다면 무용수는 몸짓에 의해 창조되는 그 무엇을 위해 내면의 것들을 끌어내어 발휘해 보는 훈련을 해야 한다. 그것이 즉흥이다.

다음 장에서는 즉흥하기에서 얻게 된 움직임과 아이디어를 잘 적용해 나간다.

즉흥하기를 마치고나면...

즉흥하기를 마치고 나면 자신이 추구해야 될 움직임을 확실하게 찾을 수 있어야 한다. 상징 동작들이 명확하여 이미 변형되어 있어야 한다. 자신의 끼를 동원해야 한다.

주의점 1. 즉흥단계 이전에 자신이 생각했던 움직임의 흐름이 즉흥단계 후 달라질 수 있으니 두려워하지 말고 활용해 나간다.
주의점 2. 소품을 활용할 때는 무조건 사용하지 말고 타당성에 대해 생각한다.
주의점 3. 동료들과의 즉흥을 피하지 말고 행한다.

공연보기

인물표현을 위한 연습단계에서 인물표현의 실행단계까지 끝나면 각자의 공연에서 적극적으로 활용하여 실연하게 된다. 언제 어떠한 상황과 작품이 나에게 주어질지는 모르지만 연습단계에서 실행단계를 연습하는 동안 다양한 시행착오를 겪으며 나름대로 규칙이 생겼을 것이다. 작품을 처음에 임하는 자세나 접근 방법, 풀어나가는 과정 등에서 좋은 경험이 되었을 것이다. 상징적인 표현 방법과 필요성을 알게 되었다는 것이 매우 중요한 포인트이다. 또한 즉흥과정을 통해 자신의 숨겨진 끼를 발견하고 스스로가 유도해 나갈 자신감이 생겨났으리라 믿는다. 실행해 나가면서 가장 중요한 연습의 핵심인 인물을 표현하는 데 있어서 접근 방법의 시작부터 끝을 알아가는 연습이 이루어졌으므로 막연함에서 오는 막막함으로부터는 벗어났을 것이다. 긴 과정을 연습해 온 것처럼 느껴지지만 자신이 활용할 때는 더 집중해야 될 부분들이 생겨날 것이다. 그때 필요성을 느낀 부분을 집중해서 연습하고 자유롭게 적용해 나가면 될 것이다.

공연보기에서는 앞의 과정들을 연습하며 직접 경험하고 공연까지 실연되어진 작품들 중에서 그 특징들이 부각된 장면들을 찾아보려 한다. 또한, 제1권 인물표현을 위한 연습단계와 제2권 인물표현을 위한 실행단계에 똑같이 실었다.

제1권에서는 즉흥하기까지 겪으면서 확인하고 싶은 부분과 상징적 오브제 사용에 대한 의문점 등을 공연보기를 통해 도움이 되기를 바라며 싣게 되었다. 제2권에서는 표현하기까지를 마치고 결과를 확인해 보기 위함이다.

공연보기는 인물의 캐릭터 표현과 동작의 상징적 의미들, 오브제의 상징적 활용을 특징으로 살린 작품들 중에서 주요장면과 인물을 클로즈업시켜 보았다. 그러면서 상징적인 표현들의 의미를 알아 가는 재미를 느껴본다. 또한 무용수들과 배우들의 표현에 대해 집중적으로 들여다보는 시간이다.

무용작품과 캐릭터 표현 → 무용작품과 동작의 상징적 의미들 →
무용작품과 오브제의 상징적 의미들 → 무용작품과 상징적 사랑 씬

1) 무용작품과 캐릭터 표현

무용극 외에는 뚜렷한 캐릭터를 표현하는 경우는 무용작품 안에서 흔한 일이 아니다.

그래서 우린 캐릭터 만드는 과정이 힘들기도 한 것이다. 그러나 다음의 사진들을 통해서 다른 무용작품에서 보다 강하게 캐릭터가 표현되었음을 느끼게 될 것이다. 무용극의 특성상 구체화된 대본과 그에 따른 인물이 존재하기 때문이다.

다음은 입센, 유진오닐 등의 희곡을 대본화한 무용극과 상징성을 주 무기로 표현된 무용작품들을 통해서 그동안에 연습해 온 상징성과 인물표현에 대해 대입시켜 봄으로써 표현에 있어서 동기부여가 얼마나 중요한지를 깨닫게 되기를 바란다.

(1) 〈느릅나무 아래 욕망〉 I, II 中 캐벗, 애비의 소유욕, 욕정을 강조하기 위한 캐릭터 설정

① 캐벗의 소유욕을 동물적 캐릭터로 설정하여 극대화한다.

무용수와 인물이 한몸처럼 움직이고 소유욕을 강조하기 위한 표정과 동물적 상징성으로 캐릭터를 극대화했다.

-〈느릅나무 아래의 욕망II〉 중에서-

움직임 표현법 1 인물 표현을 위한 연습단계

② 아들 애번이 어머니를 그리워하며 상상하는 설정으로 어머니와 함께했던 일들을 상상함.

엄마와 어린 시절 즐기던 놀이, 엄마의 무릎에 누워 있던 모습, 엄마 등에 업혔던 일 등을 움직임으로 나타냈다.

-〈느릅나무 아래의 욕망Ⅱ〉 중에서-

③ 애비의 욕정을 강조하기 위한 캐릭터 설정이다.

몸의 움직임도 소리도 동물적 움직임과 소리를 상징화했다.

-〈느릅나무 아래의 욕망II〉 중에서-

움직임 표현법 1 인물 표현을 위한 연습단계

④ 애비와 캐벗이 동물로 상징화한 장면이다.

서로 엉키는 듯 움직임에 의한 상황을 극대화시킨다.

-〈느릅나무아래의 욕망Ⅱ〉 중에서-

⑤ 애비의 욕정을 빨간 원피스와 캐벗을 유혹하는 동작으로 설정하였다.

〈느릅나무 아래의 욕망 II〉위의 애비는 배우 출신이 역할을 맡았으며 〈느릅나무 아래의 욕망 I〉아래의 애비는 무용수가 맡아서 했다.

여자의 소유욕과 욕정 두 가지의 목표를 표현해야 하는 어려움이 있던 캐릭터이다.

〈느릅나무 아래의 욕망 II〉에서는 대사의 도움으로 두 목표를 달성했지만 〈느릅나무 아래의 욕망 I〉에서는 대사 없이 표현해야 했기 때문에 욕정과 사랑에 목표를 두었다.

-〈느릅나무 아래의 욕망 I〉중에서-

-〈느릅나무 아래의 욕망 I〉 중에서-

(2) 〈피노키오〉中에서, 피노키오 캐릭터를 표현하기 위해 나무인형의 특징을 설정

피노키오가 나무로 만들어지는 과정과, 다 만들어진 후 세상 밖을 느끼게 되는 나무인형의 슬픔을 표현하기 위해 나무인형이 힘들게 만들어지는 과정을 그림자로 표현하여 강조하였다. 마지막에 나무인형과 상반된 여자의 슬프고 아름다운 모습을 통해 감정이 없는 피노키오를 대비해서 보여준다.

-〈피노키오〉 중에서-

(3) 기생과 미얄할멈의 자태와 해학적 움직임 설정

동양적 소재를 현대로 풀어나간 이 작품에서, 기생과 미얄할멈의 캐릭터이다. 곰방대를 물고 있는 기생과 지팡이를 사용한 미얄의 이미지이다. 해학적인 이미지와 현대무용수들의 움직임이 조화를 이루며 캐릭터를 중시한 작품이다.

-〈화려한 동양화 속으로〉 중에서-

2) 무용작품과 동작의 상징적 의미들

(1) 말 발/ 말 다리/ 반인반마

이 공연은 상징성이 매우 강한 표현법을 사용하고 있으며 가려진 여자의 모습이 마지막에 드러나면서 더 강조되었다. 말의 상징은 발부터 시작하여 말의 엉덩이, 뛰는 모습 등이 상징적으로 부각된다.

① 말을 표현하기 위한 말의 발과 다리, 그리고 상반신은 여자인 반인반마를 표현한다.

발을 강조하기 위해 조명, 의상으로 다른 부분의 노출을 절제시켰다.

발의 움직임이 점점 다양하게 변한다.

점점 치마가 올라가면서 하반신을 노출시킨다.

– 〈Centaur〉 중에서 –

② 달리고 싶은 말의 욕망과 보이지 않는 상반신의 욕정이 뒤엉키는 장면 설정이다.

내면이 극대화되고 있는 움직임이다.

다리만으로 표현하고 서로 엉키며 상반신이 표출될 것을 암시한다.

- 〈Centaur〉 중에서 -

③ 반인반마 중 상반신이 보여지는 장면이다.

치마로 가려진 상반신이 처음으로 드러난 장면이다.

다른 움직임을 절제하고 여자의 상반신임을 강조한다.

다리는 말을 표현하기 위해 지속적으로 움직인다.

모든 동작을 절제하면서 신비스러움과 반인반마의 내면과 외면, 즉 인간의 내면과

외면을 표현한다.

- 〈Centaur〉 중에서 -

움직임 표현법 1 인물 표현을 위한 연습단계

④ 사랑하고픈 여자의 욕정과 달리고픈 말의 욕망으로 상·하체가 분리되어 표현된 장면이다.

Bar를 벗어나지 못함을 극대화하는 움직임과 힘들게 견디는 신체의 끈적거리는 움직임, 한 순간도 호흡을 놓을 수 없는 움직임들이 지속된다.

조형미가 최대의 미로 표현된다.

- 〈Centaur〉 중에서 -

(2) 여자의 몸

① 여자들이 푸른 계곡에서 폭포수를 즐기며 행복해 하는 모습이다.

시원한 물을 즐기는 여자들의 신체만을 표현하기 위한 움직임이다,
자연스럽게 물 흐르듯이 연속적으로 움직인다.

- 〈푸른 계곡의 꿈〉 중에서-

움직임 표현법 1 인물 표현을 위한 연습단계

② 여자들의 몸으로 자궁 속의 꿈틀거리는 난자의 움직임을 보여 주는 장면이다.

온몸의 스트레칭보다는 굴곡과 움츠린 상태, 호흡만으로 미세한 이동, 발은 플렉스를 하며 연속적인 움직임을 한다.

- 〈푸른 계곡의 꿈〉 중에서-

(3) 굴레 속 여자

① 남자들에 의한 여자들의 구속, 속박의 굴레를 표현한다.

홀라후프 속 여자들이 벗어나고 싶은 움직임을 시도하는 장면이다.

-〈바다에서 온 여자〉 중에서-

(4) 엄마의 삶

① 엄마의 힘든 삶이 딸 때문에 극대화되는 장면이다.

엄마에게 계속 항아리를 머리에 얹어주는 딸과 비틀비틀 힘들게 걷는 엄마를 표현하는 장면이다.

– 〈엄마의 항아리〉 중에서 –

② 엄마의 의상과 움직임, 지속되는 이동경로 등이 딸의 이미지와는 상반되도록 설
   정되어 있다.

배우의 대사에서 "엄마"라고 말하기 때문에 더 확실하게 이해될 수 있다.

－〈엄마의 항아리〉 중에서 －

③ 주제 장면이다.

나이 든 엄마가 스스로 항아리를 들 수조차 없지만 그래도 또 돈을 벌기 위해 항아

리를 찾는다.

딸이 이제는 엄마의 머리 위에 다른 의미로 항아리를 올려준다.

– 〈엄마의 항아리〉 중에서 –

3) 무용작품과 오브제의 상징적 의미들

(1) 흰 공과 푸른 공

① 흰 공은 난자를, 푸른 공은 정자를 의미한다.

여자의 몸속에 지니고 있다가 하나씩 꺼내기 시작하며 결국 푸른 공을 만난다.

여성성이 강조되고 공의 상징성 때문에 의미가 증폭된다.

-〈푸른 계곡의 꿈〉 중에서-

② 푸른 공은 정자를 의미하며 결국 폭포수를 의미한다.

여자들이 원하는 남자를 극대화시키기 위한 푸른 공들이 우르르 쏟아진다.

-〈푸른 계곡의 꿈〉 중에서-

(2) bar와 검정치마

bar는 묶여 있는 말을 상징화하기 위한 장치이다. 검정치마는 말의 다리와 발을 부각시키기 위한 장치로 활용했다. 치마가 벗겨지면서 상반신이 노출되고 상체의 여성상과 하체의 말의 이미지가 자연스럽게 오버랩된다. bar를 벗어나지 못하는 상태는 달리지 못하는 말의 안타까움을 표현하기 위함이다.

- 〈Centaur〉 중에서 -

(3) 훌라후프

 훌라후프는 남자들에 의해 씌워지는 굴레, 구속 즉 여자의 삶(결혼)을 상징한다. 굴레를 극대화시키기 위해 훌라후프라는 예상치 못한 도구를 사용하였다. 벗어나려 하지만 자꾸만 다시 쓸 수밖에 없는 상태를 남자들의 소리, 남자들이 높은 곳에서 내려주는 훌라후프로 표현하였다.

-〈바다에서 온 여자〉 중에서-

-〈바다에서 온 여자〉 중에서-

움직임 표현법 1 인물 표현을 위한 연습단계

(4) 대형 통

대형통은 소유욕을 표현하기 위한 오브제이다. 내 집, 내 농장, 내꺼야 등의 대사로 통을 만지고 통속에 들어갔다 나왔다 반복한다. 이 통은 작품 안에서 새로운 미장센을 만들어 주기도 하며 각각의 캐릭터를 표출하기 위한 도구로도 활용된다.

-〈느릅나무 아래 욕망 II〉 중에서-

-〈느릅나무 아래 욕망 II〉 중에서-

(5) 대형 공과 흰 줄, 긴 고무줄

대형공은 엄마의 자궁을 상징화했고 공에 달려있는 끈은 탯줄을 표현한다. 긴 고무줄은 인간과 인간의 관계를 나타낸다. 고무줄을 당겨 끊어지는 순간 악연이 시작된다. 사진은 대형 공 위에서 태아의 움직임을 표현하며 탯줄을 잡고 안간힘을 쓰는 남자무용수의 모습이다.

-〈그녀의 잔상〉/〈느릅나무 아래 욕망 I〉중에서-

(6) 항아리와 붉은 치마

 항아리는 엄마가 딸을 위해 늘 머리에 이고 나가는 가방 같은 물체이다. 그 항아리에 담을 많은 돈을 벌어와야 한다. 한국적 정서와 희생하는 엄마의 이미지를 좀 더 극적으로 표현되기를 바라며 항아리를 사용하였다. 항아리에 붉은 치마를 입힌 것은 엄마의 돈 버는 행위를 상징화하기 위함이다. 붉은색 치마를 항아리에 입힌 이유는 항아리가 치마를 입고 여기저기서 던지는 돈을 받는다. 엄마의 삶을 함축하고 상징하기 위함이다.

-〈엄마의 항아리〉 중에서-

4) 무용작품과 상징적 사랑 씬

(1) 여자의 상반신과 말 다리의 사랑 씬

① 여자의 상반신과 말의 다리가 한몸처럼 존재하기도 하고 각각의 모습으로 욕망
을 표현한다.

심한 접촉 없이 사실적인 움직임은 배제한다.

상징성을 극대화시켜서 사랑 씬을 표현한다.

호흡을 사용하되 감정을 빼고 건조하게 표현하지만 매우 에로틱하게 느껴진다.

- 〈Centaur〉 중에서 -

② 상반신과 다리의 합체로 사랑 씬

bar에서 벗어나지 않으면서 연속적인 동작에 의해 다리와 상반신이 합체한다.

신체의 굴곡과 길게 사용되는 호흡에 의해 집중력과 심미안을 극대화시켜 준다.

- 〈Centaur〉 중에서 -

(2) 대형 공을 사이에 둔 사랑 씬

② 대형 공을 사이에 두고 사랑 씬을 연출한다.

남자는 위에서 아래로 서서히 내려오며 여자는 공 아래서 갈구한다.

남자가 공을 타고 내려와서 여자의 몸으로 겹쳐지지만 접촉하지 않은 상태로 사랑

을 나눈다.

대형 공은 여자의 자궁을 의미한다.

-〈그녀의 잔상〉/〈느릅나무 아래 욕망 I〉 중에서-

(3) 소유욕을 상징화한 통 안으로 남자를 유혹한 사랑 씬

① 비좁은 통 안에서 접촉 없는 사랑 씬이 이루어진다.

통 밖에서부터 진행되는 움직임의 상승 곡선이 통 안에서 최대치를 이룬다.

통 때문에 보일 듯 말 듯한 부분들이 호기심을 자아낸다.

-〈느릅나무 아래 욕망 II〉 중에서-

움직임 표현법 1 인물 표현을 위한 연습단계

②두 사람이 통 안에서 서로를 의식하며 돌고 있다.

두 사람의 주고받는 호흡이 매우 긴장감을 준다.

조명에 의해 신비감이 더해지며 서서히 통속으로 들어가며 마무리를 한다.

-〈느릅나무 아래 욕망II〉 중에서-

작품에서 사용된 오브제의 의미와 동물적 움직임, 캐릭터 설정 등은 무용이나 연극이나 모든 무대예술에서 마찬가지로 적용된다. 그러나 어디에 초점을 두는지가 핵심이다. 내가 상징성을 중점적으로 표현하려면, 오브제 선택과 활용이 그 주제를 살리기 위한 도구로 극대화되어야 하며, 도구 그 자체로 활용되는 것은 그다지 효과적이지 못하다. 사실 연극에서 사용되는 정확한 소품들과는 다르다는 것이다. 굳이 그것을 사용해야 하는 의미가 내포되어 있어야 하는데, 그 이유 없이 사용할 수는 없다. 자체로 활용되지 않고 다른 의미로 활용되었을 때 그 의미를 찾기 힘들 것 같지만 작품이 끝나고 나면 대부분 이해하고, 돌아가면서 그 의미를 찾는 데 흥미로워 한다.

또한 움직임이 자유롭고 기량이 뛰어난 무용수일수록 움직임을 깊이 연구한다. 자신의 기량이 기능으로 그치지 않도록 치열하게 노력해야 한다는 의미다. '표현'이라는 단어를 잘 생각해 보면, '무엇을?'이 있어야 그 가치가 빛난다고 할 수 있다. 도리스 험프리는 "무용수가 팔, 다리를 사용하여 의미 없는 동작을 하고 있는 것은 시체와 같다."라고 지적한 바 있다.

동물적 움직임을 만들어 나가는 이유가 무엇인지를 알 수 있었으리라 생각한다. 동물적 움직임만 사용하지 않으면서 선인장, 코스모스 등을 왜 상징화시켜 보았는지 이해해야 한다. 그 이미지를 지속적으로 지니고 움직임을 만들고 또 표현하기를 시도해야 한다.

위의 공연하기 사진들은 배우와 무용수들이 앞의 과정의 대부분을 짧게 때로는 길게 경험하였으며 그 필요성을 깨닫고 공연에 임하였다. 표현력에 서 다른 무용수들과 차이를 느낄 것이다.

연구하고 노력하면서 재미있는 작업형태로 만들어가면서 나의 표현법을 만들어나가는 일이 중요하다.

공연보기에서는 자신이 사용하는 상징적 의미와 오브제의 활용에 관해 비교하며 토론해 보며 작품에서의 의도를 파악해 나가는 것이 중요하다. 캐릭터의 증폭, 오브제에 의해 설명적이지 않은 표현, 상징적 움직임들을 확인해 본다.

주의점 1. 질문이 있으면 바로 정확하게 질문한다.

주의점 2. 인물을 표현하는 데 핵심이 될 수 있는 상징성과 오브제인지 다시 한 번 심사숙고한다.